江戸の怪談

にほんの歴史★楽会〔編〕

はじめに

科学技術が進歩した現代でも人はなぜだか不思議と怪しいもの、恐ろしいものに惹《ひ》かれてしまいます。

江戸の人々もそうでした。

江戸時代というと、士農工商の身分制度や五人組などに代表されるように、人々の生活が厳しく規定された封建社会というイメージがありますが、一方では、二百年以上戦争のない泰平の世が続いたおかげで、江戸や大坂など世界に類を見ない大都市が誕生し、そこから独特な庶民文化が花開いたということも事実です。

出版文化はとくに盛んで、黄表紙、浮世絵、絵暦、瓦版などいろいろなものが出版され、多くの人々を楽しませました。

怪談本もさまざまな趣向が凝らされ、それこそ手を替え品を替え、数多く出版されました。例えば本書の底本にした『曾呂利《そろり》物語』という怪談集は、頓智頓才《とんちとんさい》で豊臣秀吉の寵愛を受けた、話し上手の曾呂利新左衛門が、秀吉から「おどろおどろしきことを語れ」と命じられて十話ずつを十夜にわたり語ったもの、という趣向で構成されています。また、地方各地で起きた奇々怪々な事件を紹介する『諸国百物語』は、今の私たちのようには気軽に地方へ行くことの叶わぬ江戸の人々にとっての見知らぬ土地、つまり「異界」で起きた「怪異」を物語るという二重の仕掛で、読者の「見知らぬものへの好奇心や興味」をかき立てる工夫をしています。

そして、物語の多くに挿絵が掲載されています。まるで墨と筆で描いたような挿絵ですが、これは下絵をもとに版木を彫って作られた木版画です。江戸にはこのような職人たちの高い技術がありました。江戸の人々はこれらの挿絵を見ることで、怪談のビジュアルな想像を膨らませていたのでしょう。

本書では、これら江戸時代に出版された多くの怪談本の中から恐い話、面白い話を選び出し、現代語に訳しました。そして、現代語訳にあたり読みやすさ、分かりやすさを考慮して原文を意訳し、加筆修正をおこないました。

どれも短い物語ですが、人生のペーソスや江戸のユーモアを感じさせるものばかりです。

それでは、江戸の人々が覗《のぞ》いた異界への扉を開けてみましょう。

目次

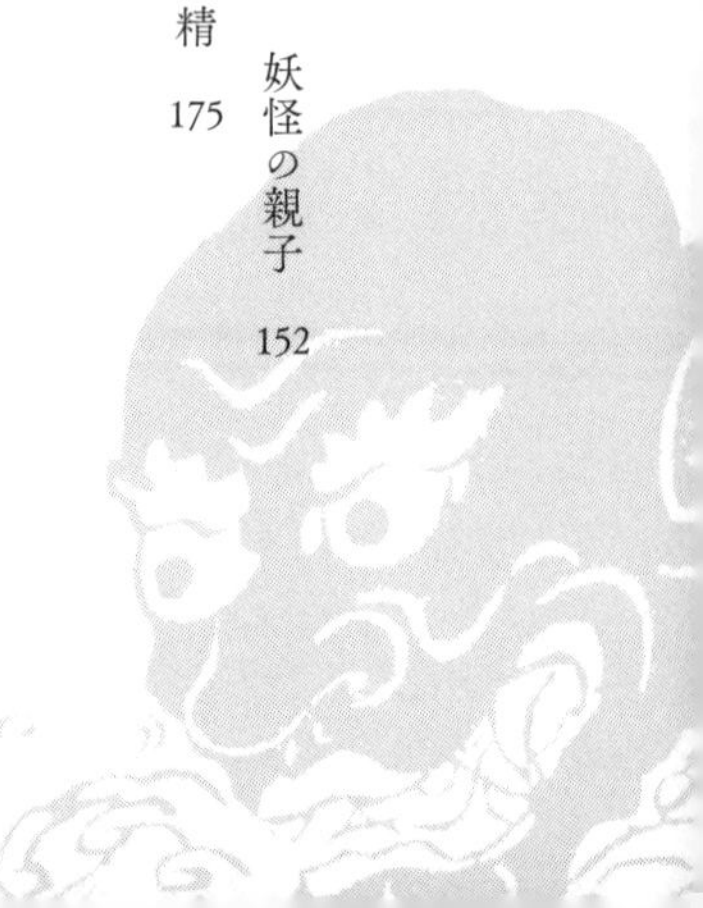

第一章

「女の一念」が起こしたコワーイ話

愛情、嫉妬、妄執……
女のひたすらに思う心が呼び起こした怪奇の数々

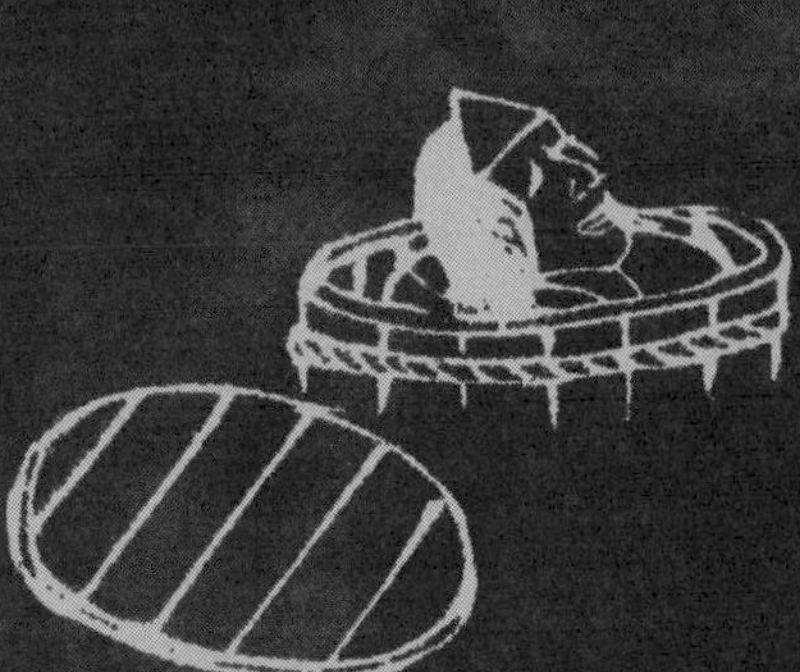

睨《にら》み殺す幽霊

女の一念は恐ろしいものなので、どんな身分の女であろうとも誑《たぶら》かしてはいけないという教訓話です。また、女の一心に思う心は、身体とは別の場所へと無意識のうちに自らを導き、現れ出るのです。


摂津《せっつ》の国茨木《いばらき》（いまの大阪府茨木市）に木綿《もめん》の商いをしている男がいました。

彼は、仕入れのために越前《えちぜん》（いまの福井県）へ、年に二回下っていきます。男が出入りしている問屋に、気立てのよい下女がおりました。彼は彼女に目をつけて、下女と顔を合わせるたびに何かとちょっかいをかけ、口説き文句を口にします。

「俺にはまだ妻がいないんだ。そのうちにお前を嫁にもらって、添え遂げることができたらなぁ」

などと、真剣そのものといった様子で女に語り聞かせます。

この調子で何度も口説かれた下女は、男のことを頼もしく思うようになり、ついに二人は深い仲となりました。

しかし、男は仕事が片付くと摂津の国へと帰っていきます。実は、男は茨木に家も妻もあったのです。


その年も暮れて、翌正保《しょうほう》三年（一六四六）の新春となりました。

男は正月八日に友人たちを家に呼んで福引遊びなどを楽しんでいました。夜食の田楽を火鉢に並べて焙《あぶ》っていると、突然、火の近くに蛙《かえる》が現れました。

「おや、蛙がやってくるような季節ではないのだが？」

みな不思議に思います。

初春に、妙なこと、変わったことが起きた際には、縁起のよい言葉を述べて紛らわせるのが当時の習わしです。

ところが、その宴席に、軽はずみな男がいて、

「其方が身代かえる相ぞ（おたくの暮らしがひっくりカエルって）」

ダジャレを後先考えずに口にしました。

一同からどっと笑い声が上がります。

亭主である男には、このダジャレが面白いわけありません。不機嫌な様子で、赤く

焼いた火箸を、蛙の額の真ん中へ「ジュッ」と押し当てました。蛙は手足をビリビリと震わせて、死んでしまいました。

「蛙の分際で、よけいな場所に出てくるからだ。まったく」

男は蛙の死骸《しがい》を取り捨てました。


さて、正月も過ぎ、如月《きさらぎ》（二月）の中頃になり、北陸路の雪も消えはじめ、道も通いやすくなったので、男は越前へと下りました。

問屋の夫婦を訪ねると「やあ、やあ、いらっしゃい」と、夫婦は御馳走をふるまってくれます。しかし、その席へなじみの下女が姿を現しません。

(何か用事でもあって外出しているのだろうか)

と、男は思っていました。


夜になり、下女のことを恋しく思いながら床につくと、商売仲間がやってきて、

「あの子は、可哀想なことでしたね」

と話しかけてきました。男が訝《いぶか》しげに、

「いったい何のことでしょう？」

と尋ねると、

「いや、この問屋の下女のことです」

「ええっ？　まさか亡くなったのですか」

「ああ、まだ知らなかったのですね」

「なんと可哀想な……」


翌日、問屋の女房から男は話を聞きました。

「正月八日の晩に、あの娘を呼んで茶を点《た》てさせながら、『如月の頃になれば、茨木のいい人がやってくるよ。待ち遠しいんじゃないかい？』なんてからかってたんだよ。あの娘は『ええ、待ち遠しくてしかたありません』なんて言って笑うんだ。ところが、急にウトウトと居眠りをはじめたと思ったら、「悲しい！」と叫んで倒れてしまって。まるで蛙か何かが踏み殺される時みたいに手足をビリビリと震わせてね。

あの娘は持病もないのに……。あまりに突然のことで、生き返らせようといろいろと試したけど、ダメだった。結局、卒中だろうということになってね。ところが、不思議なことに、弔いのために髪を剃《そ》ってみると、頭のてっぺんに焼き鏝《ごて》を当てたような跡があるんだよ。

とても気立てのよい可愛い娘だった。あなたも慣れ親しんだ娘だから可哀想にと思うでしょう」

（ああ、あの蛙はあの下女の魂だったのか）

男は何とむごく哀れなことをしてしまったのかと、断腸の思いです。

その後、男は下女が葬られた寺に銀十銭を送ってから、用事を済ませて摂津の国茨木へと帰っていきました。


その年の菊月（九月）、男は体調を崩して寝込んでしまいます。男の家は、表が通りに面して、裏手は畑となっていました。泥棒よけの塀もなければ、風を防ぐ袖垣もありません。家の造りは、東国風のごく粗末なもので、裏の窓は割竹を組んで薄紙を張った障子でした。

ある夜、夫婦が寝ていると、障子に怪しい光が映ります。

男は、寝床から出ると脇差《わきざし》を掴《つか》んで窓の方へ向かいます。そばで寝ていた妻も夫のただならぬ気配に起き上がり、壊れた壁の隙間《すきま》からそっと外を覗《のぞ》き見ると……。

二十歳ぐらいの髪をふり乱した白装束の女が、苦しげに佇《たたず》んでいます。その女が息を吐くたびに、その黒々としたお歯黒の口から、火焔《かえん》がぽっ、ぽっと吐き出されます。障子に映っていたのはこの炎の光でした。

その女は、はじめは裏の畑に立っていたのですが、じりじりと近づいてきます。ついに二間（約三・六メートル）ほどまで近づいてきました。女は、じっと男を睨み続けています。

妻はこの光景が恐ろしくてしかたありません。夫のそばに寄って、

「あれはいったい何者です？」

と尋ねるのですが、夫は返事をしません。ただ、ずっと「ふう、ふう」と溜息《ためいき》をついてばかりです。そのうち、夫はバタンとうつぶせに倒れてしまいました。

妻は隣家の人々を起こし、助けを求めます。薬などを与えたのですが、その甲斐もなく夫は息絶えてしまいました。

妻は、越前の下女のことなど露ほども知らなかったのです。

夫の死後、友人からいきさつを聞き、やっと真相を知ったのでした。

「ああ、私の夫は幽霊に睨み殺されてしまった……」

（「宿直草――幽霊、偽りし男を睨ころす事」より）

妬《ねた》み深い女

江戸の怪談話でよくみられるテーマのひとつが、「本妻の嫉妬《しっと》が幽鬼を招く」というものです。江戸時代は、吉原など公的な娼街があり男性の色好みが容認される一方、女性は貞操観念に縛られていました。その歪《ゆが》んだ形が怪談話に現れ出たものと言えるのではないでしょうか。

越後《えちご》の国（いまの新潟県）大沼郡の代官で吉田作兵衛《さくべえ》という男がいました。故郷は信濃《しなの》（いまの長野県）善光寺村で、妻子をそのまま善光寺村の屋敷に置いて、大沼に出仕していました。

ある時、妻が召し使っていた下女が突然姿を消しました。

これは、作兵衛の謀《はかりごと》です。作兵衛は以前から下女と密通しており、今回、内緒で下女を出奔《しゅっぽん》させて大沼へ呼び寄せ、妾《めかけ》としたのです。しかし、隠しても隠し通せるようなことではありません。このことはすぐに善光寺村の本妻の耳に入ってしまいました。

本妻は大いに腹を立て「大沼に行って、この恨みつらみを申し上げねば」と、物狂いのような状態で屋敷を走り出ていこうとします。なんとか近所の者たちみんなで宥《なだ》めて押しとどめました。ひとまず妻は善光寺にとどまったのですが、朝夕恨み心を抱いて暮らしているうちに心身ともに衰弱し、日に日に病が重くなっていきます。

作兵衛の部下に武兵衛《ぶへえ》という男がいました。この男は、幼い頃から作兵衛夫妻に息子同然に育てられたので、作兵衛の妻が病気と聞いて驚き、大沼から見舞いに訪れました。

武兵衛は、作兵衛の妻の枕元にやってきました。

「お身体の具合はいかがでしょう」

「私のこの病は、作兵衛の裏切りのせいなのです。恨みの心からこのような病身となってしまいました。そなたを幼少の頃から育てた私に恩義を感じているのなら、大沼の妾を殺して首をとり、私の命あるうちに一目見せてはくれまいか。そうでないと、生きていてさえ恨みの心でこの有様ですから、死してはなお深く恨み苦しみ続けてしまうでしょう……」

妻はさめざめと泣きながら武兵衛をかき口説きます。武兵衛は憔悴《しょうすい》しきった妻があまりに哀れに思えて、そら恐ろしい頼みを引き受けてしまいました。

大沼に戻った武兵衛は作兵衛の留守中を狙って妾を密かに外へ誘い出し、刺し殺して首をとります。そのまま善光寺村の本妻のもとへと向かいました。

本妻はがばっと起き上がり、最前の病はどこへやら、大喜びで笑いながら、

「ああ、うれしや、ありがたや。毎日毎日、怒り恨んでやるせなく、苦しみに沈んでいたのが、そなたのおかげで、いまわらわの妄執は解け、心が晴れやかになりました」

武兵衛に向かって手を合わせて拝みます。

ところが、次の瞬間、本妻の顔つきが般若《はんにゃ》の面にぱっと変わり、妾の首を引き寄せると髪の毛を引っぱりながら食いつきました。武兵衛はこのあまりに浅ましい狂態に、本妻から首を奪い取りよそへと捨てました。

その後、本妻は次第に弱ってゆき、ついに亡くなりました。ところが……。

「わらわは大沼へまいるぞ」

ぱっと表情を変えた本妻が、妾の頭にかじりつきます。（国立国会図書館蔵）

本妻の妄執はこの世に残って、ある晩姿形として現れました。
馬に乗って屋敷の門のところにその姿が現れた時は、屋敷の使用人みなが驚き目を剝《む》きましたが、その姿はそのまますっとどこかへ消えていきました。

その夜のこと、作兵衛が大沼で床に入っていたところ、本妻の姿が現れ出て、作兵衛の首を締めます。作兵衛は家中の者を起こし、灯《とも》を点して見たのですが、本妻の姿は影も形もありません。

それから夜な夜な本妻が現れては作兵衛の首を締めるようになりました。作兵衛はさまざまな仏事を営み、弔いをしますがまったく効き目がありません。祈禱《きとう》を頼み、家中に魔よけのお札を張ったりもするのですが、死んだはずの妻が毎夜現れ出ます。ついには、昼日中にも現れるようになりました。

作兵衛はもう恐ろしくてたまりません。屋敷替えを思い立ち、新しい屋敷へと向かったのですが、妻の幽霊が先回りしてすでに新しい屋敷に現れ出ます。

わが身につきまとう怨念《おんねん》の恐ろしさにほとほと困り果てた作兵衛は、病みついてついに死んでしまいました。

(「因果物語―妬み深き女、死して男を取り殺す事」より)

両妻夫割《りょうさいおっとをさく》

妻が二人いる男の話です。男は東海道の中間地点、見附宿《みつけ》で二人の妻にまさに見つけられてしまいます。重婚した男に待っていた衝撃の結末とは？

京都五条通り室町《むろまち》に、むかし和歌三神のひとつである玉津島神社を勧請《かんじょう》した地がありました。いまは、家屋敷に囲まれて神社は形ばかりですが、このあたりは玉津島町と呼ばれています。

ここに武右衛門《ぶえもん》という男が暮らしておりました。

暮らしているとは言っても武右衛門は一年の八割を江戸で過ごし、京都には残りの二割くらいしか暮らしていません。武右衛門夫婦には子供がひとりおりました。

また江戸へと旅立つ日。妻は夫に自らの切ない思いをしみじみと語りかけました。

「人というのは普通、夫となり、妻となったならば、片時も離れたくないと思って、悲しんだり、待ちわびたり、出発の際には嘆くものでしょう……。私たち夫婦は十年経っても一緒にいる時間は三年分にも及びません。私は、あなたが東へと旅立つ時には、道のりの半分を送りに行くような気持で、あなたが都へ帰ってくる時は、夢うつつに道の半分を迎えに出るような気持であなたを想っています。旅先で故郷を思い出したなら、必ずはやく帰ってきて下さいね」

「よし、よし。わかっているよ。なるべくはやく帰れるようにするからね」

武右衛門は妻を適当に宥《なだ》めて、関東へと下っていきました。


さて、江戸へ着くと、なんとここにも武右衛門の妻と子供がいたのです。

江戸の妻に言い寄った時、彼は京都の妻の存在を隠し、嘘《うそ》をついたのです。

「俺はやもめ暮らしだから、いずれ江戸に生活をすべて移すから、俺と一緒に暮らそうよ」

しかし、嫁いだものの夫は一向に生活を江戸に移す気配はなく、相変わらず京都に上っていきます。江戸の女房は話が違うと責めました。

「京にも私のような女がいるんでしょう? あなたはその女を花のように愛《め》でて、東《あずま》の私のことは夷《えびす》(荒々しい田舎者)なんて馬鹿にしているのでしょう? ある人から聞いて京の女のことは知っているんですよ。でも私たちにだってむかしに交わした誓いもあるではないですか。いまはこのような幼子ももうけたのです。もう都へ上ることはやめて下さい。離れたくありません」

女は縋《すが》りついてきます。

武右衛門が女の顔を見ると、まるで般若《はんにゃ》のようです。この恐ろしい様子に日頃の思いもすっかり冷めてしまいましたが、調子のいい武右衛門はつい頷《うなず》いて、

「私もそう思っているのだけど、気忙《きぜわ》しい世の中だから、なかなか用事が尽きないんだよ。それで、ここにとどまれないでいる。京に女がいるとお前が思うのは、たびたび都に上るからなのかい？　それとも世の人の無責任な噂《うわさ》からなのかい？　そんなに恨むように思っているんだったら、今回の都上りを最後にして、すべてを整理して江戸へ戻ってこよう。必ず」

と、言い捨てて、女を袖から引き放し、そそくさと都目指して逃げるように去っていきました。

東海道二十八番目の宿場・見附に着くと、後から江戸の妻が子供を前に抱き、大声を立てて追いかけてきます。

「それにしても、あなた。あまりにすげない態度ではありませんか。心の中では私を

疎ましく思っているくせに、口ではあれこれと頼もしいことを言い散らして。決してあなたから離れはしませんよ」

江戸の妻は子供を抱えているとは思えないような素早さで、まるで飛ぶ鳥のように追ってきます。武右衛門はさんざんに逃げるのですが、そのうち追いつかれてしまい、江戸の妻にぎゅっと右の腕を摑《つか》まれました。

そこへ忽然《こつぜん》と都の妻が姿を現しました。彼女は武右衛門の左の腕に取りついて、怒気を含んだ眼差しで東の妻をキッと睨《にら》み据えます。

「来世をも誓った私の夫と、何年も密通を重ねるとは、ああ妬《ねた》ましい。この恨み、近いうちにあんたに報いがくるに違いないわ」

都の妻のわななく声が地に響きます。一方、江戸の妻も負けてはいません。

「あんたはいったい誰なのよ。そんな虚言はやめてちょうだい。ああ、わかったわ。夫がわたしのことを、疎ましく思ってこの女に言わせているのね。何があっても夫のことを放すものですか」

息巻いて夫の右腕を引っ張ります。

武右衛門は江戸の妻を引き放そうと悶《もだ》えるのですが、江戸の妻はまるで金剛力士のごとくびくともしません。京都の妻もその様子をみて、たまらず夫を自分のほうへと

嫉妬で般若へと変貌した二人の妻が、
左と右から夫を引っ張ります。（東京大学総合図書館蔵）

引っ張ります。その足音は、大山も崩れて地に入らんばかりです。二人の妻が罵《ののし》り、呪いの言葉を投げつける声は喧《かまびす》しく聞くに堪えません。

だんだんとお互いが強く引きあううちに、ついに武右衛門の身体は二つに裂けてしまいました。

女たちは東西に分かれて道を戻って行くかに見えましたが、すっとその場で姿を消してしまいました。

京の妻が「夢うつつに道の半分を迎えに出る」と言ったのが、はたしてここで、現実となってしまったのでした。

（「新御伽婢子——両妻夫割」より）

女人蛇体《にょにんじゃたい》

江戸の怪談話で多く見られるのが「女性が蛇になる」という話です。女性と蛇が関係するものは、世界中で見られます。ギリシャ神話の髪を蛇にされてしまったメデューサや中国の民話「白蛇伝」、日本では安珍・清姫伝説の「道成寺《どうじょうじ》」が有名です。

これは、執心によって女が蛇に変わるところを、目の当たりにした人から聞いた話です。

曹洞宗《そうとう》のお坊さんが、信仰を広めるために、琵琶湖のほとり、坂本の町の東にある戸津《とづ》というところへやってきました。歳は四十くらいでしょうか。他の宗派である天台宗の総本山・比叡《ひえい》山延暦《えんりゃく》寺のお膝元ですから、とくに目立って説法をするというわけにはいきませんでしたので、小さな庵《いおり》で内々におこなっていました。地元の人々のこの僧への評判はよく、やがて多くの人が説法を聞きにいくようになりました。

その中に、とくに熱心な三十歳くらいの女性がいました。日に二度、三度と法話に参加しています。そのうち、女は僧の身の回りの世話を焼くようになり、庵に入り浸るようになりました。

まわりの人々からみても、女の僧への態度はあからさまで見苦しく、噂《うわさ》の種となってしまいました。

僧は、身の回りの世話をさせたことをたいへん後悔し、女のことを迷惑と感じるようになりました。なんとか遠ざけようとするのですが、女はいままでどおりに通ってきます。それどころか、僧がどうも自分のことを遠ざけようとしていると感じて、かえって何かと理由をつけては僧のそばを離れようとしません。

僧は、女がいない隙《すき》を見計らって、庵を逃げ出すことにしました。

僧が、一町（約百メートル）ほどすすんだ頃でしょうか、女が庵へやってきました。女はすぐに僧の姿が見えないことに気がつきます。

「御僧はどこへいったのでしょう?」

庵にいた近所の人に尋ねます。

「たった今、出ていかれましたよ」

女はあわてて庵から飛び出し表へ出て見まわすと、二町ばかり先に南へ向かう僧らしき影が見えました。女は、僧が自分から逃げ出したことに気がつきます。

女は、そのまま走って僧の後を追いかけます。全力で走っていくうちに、草鞋は破れ、裸足になってしまいますが、なおも走り続けます。しめていた帯は切れて落ち、かたびら（下着）の裾が風に吹かれて後ろへ翻ります。髪を結っていた紙縒《こよ》りは千切れて、長い髪は広がって乱れ、後ろへ、横へとなびきます。それでも女は、ひたすらに僧を追い続けました。

坂本の町中を走り過ぎ、浜へ向かいます。行き過ぎる人々は異形に変じた女の姿に、恐れ、驚きました。しかし、中には、面白がって追ってみる輩《やから》も……。

僧が後ろを振り向くと、女が近づいてくるのが見えました。僧も、急ぎ足になり、ついに走り出しました。大津《おおつ》を過ぎ、粟津《あわづ》、松本を過ぎ、瀬田《せた》の橋も過ぎたところで、僧は「じきにもう追いつかれてしまうだろう」と観念しました。

来た道を戻ると、幽鬼のような姿となった女がだんだんと近づいて来るのが見えます。僧は瀬田の橋の中ほどまでくると、川の中へ飛び込みました。そこへ走ってきた女も、まったく躊躇《ちゅうちょ》することなくそのまま川の中に飛び込みます。

この様子に見物人たちが集まってきました。

泳ぎが得意な男たちが、「これを見逃してなるものか」と言って、裸になって川に

女は蛇に姿を変えて、僧を川底深くへと、
引き込んでいきます。（国立国会図書館蔵）

飛び込んでみると……。

水の底では、女が大蛇になって、僧に巻きついていました。

これを見て、さすがの見物人たちも恐ろしくなり、川から上がって帰りました。

（「奇異雑談集―戸津坂本にて、女人僧を逐って、共に瀬田の橋に身をなげ、大蛇になりし事」より）

女ストーカー

物語の中に美僧に恋をした人妻が、僧に書き送った手紙がでてくるのですが、歌枕を並べてつなげた、陳腐で興醒《きょうざ》めする内容です。ただ、とにかく長く、その執念にゾッとさせられます。

摂津《せっつ》の国嶋下郡《しましも》（いまの大阪府茨木《いばらき》市のあたり）に鬼火が出るのです。

雨が降り出しそうな夜に飛びめぐり、この鬼火に行き会った人はみな恐れ戦《おのの》きました。鬼火に行き会ったという人に聞いてみると、通常は鞠《まり》くらいの大きさですが、大きいときは唐傘ほどに広がり、小さいときは蛍ほど。疾風のような速さで飛び、尾が付いていて、三、四尺（約一〜一・二メートル）ほど光ります。この火に間近で行き会うと、鬼火の正体は坊主の首で、息を吐くごとに口から火焔《かえん》が出ているそうです。

この鬼火は〝仁光坊《にんこうぼう》〟と呼ばれています。

では、いったいどういうわけでこの鬼火が出るようになったのでしょうか。

嶋下郡に溝杭《みぞくい》という里がありました。
その里の役人の長を、土地の名前から「溝杭殿」と呼んでいました。仁光坊は、溝杭殿の祈禱《きとう》法師をつとめていました。才も徳も尊く、また美僧で、まさに眉目秀麗《びもくしゅうれい》。そんな彼の気を引こうと、彼に会うとなると、髪をなでつけたり、着飾ったりするような女がたくさんおりました。しかしながら、仁光坊は不犯《ふぼん》の戒を守り、日々の勤めにいそしみ威儀正しく過ごしていました。
ある日、溝杭殿の奥方から、小童《こわらわ》を使いに立てて恋文が届きました。仁光坊は、手に取ることもせず、童を帰しました。
しかし、何度も何度も重ねてやってきます。使いの童があまりにも不憫《ふびん》で、文を開いてみるとそこには……
「君故に　思ひ竜田《たつた》の　旅衣　着てしも花を　三輪《みわ》の山　過ぎ行くままに　奈良坂《ならざか》や
春日の里に　ひとり寝て　思いはいかが　広沢《ひろさわ》の　池の清水に　身を恥ぢて　見る
人もなき　秋の夜の　尽きぬ涙は　大井川《おおいい》　深き恨みは　嵐山《あらしやま》　誰待《ま》つ虫の　音《ね》をの
みに　おもふ思ひは　深草の　ひとり伏見《ふしみ》の　夢にだに　慕ふ契りは　初瀬山《はつせやま》　尾《お》の

上《え》の鐘の　余所《よそ》にのみ　君が心も　はづかしの　洩《も》りて言《こと》の葉　あらはるる　三嶋江《みしまえ》に浮く　流れ葦《あし》　長良《ながら》の橋の　中絶えて　恋しき人に　逢坂《あうさか》や　知るも知らぬも　別れては　物憂き旅を　滋賀《しが》の浦　浦見《うらみ》て爰《ここ》に　紀《き》の国や　人を松尾《まつお》の　山颪《やまおろし》　夢にも君を　三熊野《みくまの》の　音無川《おとなしがわ》にあらねども　深き願ひを　陸奥《みちのく》の　忍ぶ捩摺《もじず》り　誰故に今日白河《しらかわ》の　関路《せきじ》まで　迷ひまよひて　黄金山《こがねやま》　何時《いつ》か会津《あいづ》の　雲ならん　たとひ別れを　駿河《するが》なる　富士の煙と　なる迄も　なほ浮島《うきしま》の　小夜千鳥《さよちどり》　磯の枕に　臥《ふ》し侘《わ》びて　歎《なげ》く涙は　大井川　変はる淵瀬に　沈みなば　小夜の中山　なかなかに　何しに君を　三河《みかわ》なる　其の八橋を　掛けてだに　契らざりける　人故に　蜘蛛手《くもで》に　物や思ふらん　さてもやつらき　美濃尾張《みのおわり》　行方は何と　鳴海潟《なるみがた》　果ては阿波手《あわで》の　森の草　繁き思ひを　更科《さらしな》や　我姨捨《おばす》ての　山颪　慕ふ心は　あさましや　浅間《あさま》の岳《たけ》に　立つ煙　深き思ひは　飛鳥川《あすかがわ》　難波《なにわ》の事も　甲斐なきに　などかは澪《みお》も　尽くすらんとは思へども　憂き人を　恋瀬の川に　沈みつつ　無き例《ためし》をも　下野《しもつけ》や　室《むろ》の八嶋《やしま》に　立つ煙　如何《いか》で憂き世に　須磨《すま》の浦　深き思ひは　有明《ありあけ》の　尽きぬ涙を　哀れとも　君や思はん　ただ頼め　標茅原《しめじがはら》の　指焼草《さしもぐさ》　我《われ》世の中に　永《なが》らへて　つれなかりける人故に　思ひ筑波《つくば》の　山風も　激しき夜半《よわ》の　仮枕《かりまくら》　幽《かす》かに君を　身馴川《みなれがわ》　ここを越路《こしじ》の　旅の空　帰る山路を　物憂きに　何と憂き世に　隅田川《すみだがわ》　我が思ふ人は

奥方は小童に恋文を持たせて仁光坊のもとへ何度も送ります。
（人間文化研究機構国文学研究資料館蔵）

有りやなしやと　問へど答えぬ　都鳥　うたて昔の　事をだに　終《つい》に岩手《いわで》の　森なれや　吹飯《ふけい》の浦の　夕波に　濡《ぬ》るる袂《たもと》を　哀れとも　出《い》でも見よかし　鏡山《かがみやま》　影もうつろふ　世の中に　同じ心に　なれもなは　国々所《くにぐにところ》の　名取川　千尋《ちひろ》の浜の　真砂《まさご》より筑紫《つくし》がてなる　言の葉を　哀れともいさ見ずやあらなん

　声はせで身のみを焦がす蛍こそいふにも増さる思ひなりけれ

（声を立てないで身を焦がすばかりの蛍のほうが、言葉にするよりもあなたへの思いは深いのです）

古言ながら思ひ寄り侍り。などてか心強くいます

（むかしの言葉ですが思いつきました。どうしてなのか心強い気持ちでおります）」

などと書いてあります。紙も恋文に使う華やかな紅色の薄様《うすよう》で、僧である仁光坊にとっては見るからに罪深いものです。仁光坊は、返事のしようもなく、そのままにしておきました。

奥方のほうでは、今日は来るか、明日は来るかと一日千秋の思いで返事を待ちわびていました。しかし、いくら待っても仁光坊から返事が来る様子はありません。そのうちに、可愛さあまって憎さ百倍、奥方は仁光坊に恨みを抱くようになりました。

ある晩、奥方は夫である溝杭殿に語ります。

「あの仁光坊ですが、どうもわたくしに思いを寄せているらしく、艶書《えんしょ》を何度も送ってくるのです。まったく、浅ましく、困ったお坊さんですこと。ねえ、あなた、あのお坊さんを何とかしてもらえません？」

「そんな事があったのか」

溝杭殿はあっさりと妻の話を信じてしまいます。

（あんなにもてなしてやったのに。殺してしまおう）

溝杭殿は、部下に仁光坊を捕らえて殺すよう命令を下しました。

うしろ手に縛られ、野原に引き据えられた仁光坊は、溝杭殿の部下から首を切られるその理由を聞き、大いに憤りました。

「ああ、いわれなきことで命が絶たれてしまうとは。奥方の心なき讒言《ざんげん》のせいか。溝杭殿も私に確認もせずに、奥方の言葉だけを信じるとは。命のみか、恥を世間にさらさねばならぬとは……。いったい何の報いで、無実の罪を受けるのだろう。無念である。そこの太刀持ちよ、殿に申し上げよ。私にまったく罪がないことを、後から思い知って後悔せよと。いま一念の我が望み、七代までも祟《たた》ってやろうぞ」

仁光坊は歯嚙みし、呪いの言葉を口にします。

太刀持ちが首を薙《な》ぎ払うと、首は空へと飛んでいき、ただ野原には骸《むくろ》だけが残りました。

仁光坊の最期の様子を聞いた人々はみな眉をひそめました。

案の定、溝杭殿の家では災いが続き、ついには跡取りも絶えてしまいました。いまとなっては、この土地に溝杭と名乗る者は誰もいません。しかし、無実の罪で死刑にされた仁光坊は、鬼火となっていまも野をさまよっているのです。

（「宿直草──仁光坊といふ火のこと」より）

夢争い

源氏物語で六条の御息所《みやすんどころ》が生霊となって、光源氏の正妻を取り殺してしまう話がありますが、このような女の妄念が、本人が知らない間に外に現れ出るという話は怪談にも多く出てきます。


京の都にとある男が住んでいました。

男は本妻を病気で亡くしておりましたが、後妻をもらうことはしませんでした。

男は腰元（侍女）として二人の女を召し使っていました。ひとりは出雲《いずも》の国（いまの島根県）の出身で、ひとりは豊後《ぶんご》の国（いまの大分県）の出身でした。

ある時、二人の女が畳半畳ほどの部屋で昼寝をしていました。しばらくすると、女たちの呻《うめ》き声が聞こえてきます。男が不思議に思って忍んで部屋を覗《のぞ》いて見ると……。

女たちの長い髪が、まるで生きているかのように上へとのぼり、空中で絡み合っては分かれて落ち、またのぼっては激しく絡み合います。すさまじくも不思議な光景です。

枕元を見ると、一尺三寸（約四十センチ）ばかりの小さな蛇が二匹、互いにチロチロと赤い舌を出して、喰いあっては退き、また喰いあっては退きと激しく戦っています。すると、女のひとりが大きな歯ぎしりをして呻きました。男はこれを見て、すっかり胆《きも》を冷やし、また女たちの姿にあきれてその場を離れました。

ちょっと間を置いてから、男はいつものように「さて、そろそろ起きては……」などと声を上げながら、女たちの寝ている座敷へ入りました。すると、二匹の蛇はぱっと分かれて、女の胸の上に這い上がるとすっと姿を消してしまいました。女たちの髪を見れば、いつもと変わらず美しく結ったままです。

男は二人を起こします。目を覚ました二人は汗びっしょりです。

「何か夢でも見ていたのかい？」

「いえ、いえ。夢など見ておりませぬ」

ひとりがいつも通りの口調で答え、もうひとりは、

「不思議なこと。何だか人と争ったような気がしますわ」

女たちの髪が絡まり合って、その下で小さな２匹の蛇が
戦いを繰り広げています。（国立国会図書館蔵）

と答えました。
男はすっかり恐ろしくなってしまい、二人の女に暇を出しました。
男は生涯、二度と女性を近づけることはありませんでした。

（「曾呂利物語―夢争ひの事」より）

逆さまの幽霊

戦国時代が舞台となっている怪談です。主人公の端井弥三郎《はしいやさぶろう》は男色の相手に会いにいく途中で幽霊に出会います。現代人には違和感があるかもしれませんが、戦国武士の間で男色は特別なことではありませんでした。

織田信長の家来に、端井弥三郎という文武両道の侍がおりました。のちに、備後殿(信長の父・信秀)に奉公して、清洲《きよす》城に勤めていましたが、犬山殿(信長の妹)の息子と男色の交わりが浅からずあって、三里(約十二キロ)の道をものともせず、夜な夜な愛しい彼のもとへ通っていました。

ある夜、弥三郎は宿直の番が終わってから、犬山へと向かいました。雨がしきりに降る、闇深い晩でした。通い道の途中に川があり、普段は渡し船を使っていました。弥三郎は渡し守を呼びますが、川下の方で寝入っているようで返事がありません。弥三郎はしかたがないので、川端で立ったまましばし休憩をとっていました。川を眺めていると、川上に火が見えます。

その火は次第に弥三郎の方へ近づいてきます。弥三郎が目を凝らし、よくよく見ると、女が身の丈ほどある髪を束ねもせずに散らして、口から火焔《かえん》を吐きながら、逆さまになって、頭で歩いてきます。

弥三郎はとっさに刀を抜き、

「何者だ」

と問うと、女が答えます。

「私はこの川の向かいの村の庄屋の女房でした。夫と妾《めかけ》が謀《はかりごと》をめぐらせて、私を絞め殺し、この川上に埋めました。しかも、執心で幽鬼となって立ち現れぬようにと逆さまにして埋めたのです。この仇をとりたいのですが、このように逆さまでは川を渡ることもかないません。ああ、なんとか勇猛な武士に出会って、渡してもらいたく、このところ往来の人々を心がけて見てまいりました。

あなた様ほど勇猛な方はおりません。お願いですから、あなた様のお慈悲で、どうかこの川を渡らせて下さい」

弥三郎はこの女の願いを聞き入れることにしました。渡し守を呼んで、

「この女を舟に乗せて、向こう岸までいってくれ」

と声をかけますが、渡し守は女を一目見るや否や、櫓櫂《ろかい》を捨てて走って逃げていきました。

そこで弥三郎は自ら櫂を取り上げて、女を舟に抱き乗せて、向こう岸まで渡してやりました。向こう岸に着くと、女は飛ぶように村を目指して跳んで行きました。

弥三郎は、女のあとをつけて行き、庄屋の家の門のところで立ち聞きをしていました。すると、「あっ」と叫ぶ女の声が聞こえてきました。ほどなく、件《くだん》の女の幽霊が妾の首を片手に下げて、弥三郎のもとにやってきました。

「おかげさまで、簡単に憎い敵を取ることができました。かたじけのうございます」

弥三郎に丁寧に礼を述べると、女は跡形もなく消えてしまいました。

弥三郎はそのまま犬山へ行きました。

次の日、犬山から帰ってくる道すがら、弥三郎は村に寄って村の者に尋ねました。

「昨晩、この村で何か変わったことがなかったか？」

「この村の庄屋殿は最近、新しい妻を迎えたのですが、どういうわけか、夜の間にこ

逆立ちした女の幽霊をのせて、弥三郎は船を漕いで対岸へ向かいます。
（東京国立博物館蔵　Image:TNM Image Archives）

の妻の首を何者かが引き抜いたというのです」

城に戻った弥三郎は、昨晩の不思議な出来事を、備後殿に申し上げました。話を聞いた備後殿が、川上を掘らせてみると、案の定、逆さまに埋められた女の死骸《しがい》が掘り出されました。前代未聞の悪事ということで、庄屋は処刑されました。

（「諸国百物語――端井弥三郎、幽霊を舟渡しせし事」より）

餅を買う幽霊

各地で伝承される怪談に「子育て幽霊」というものがあります。母が子を想う一念を描いた話です。「子育て幽霊」は落語の題材にもなっており「飴買い幽霊」として知られています。この一篇は、室町時代の有名な僧・国阿《こくあ》の出家のきっかけとして描かれています。

京都の霊山《りょうざん》にある正法寺を開山した国阿上人は、歳をとってから出家した人でした。もとは室町将軍家に仕える武士で、橋崎国明といい、播磨《はりま》の国（いまの兵庫県西部）の橋崎の領主でした。

国明は足利義光から京都に上るよう命じられます。伊勢の国丹生《にふ》（いまの三重県松阪市西部）で反乱が起こり、鎮圧の軍を送るため義光は武士たちを都へ呼び集めたのでした。国明は京都の北山にある鹿苑寺《ろくおんじ》近くの蓮台野《れんだいの》を宿所として、戦いの準備をすすめ、伊勢へと出陣していきました。

しかし、国明が出陣して間もなく、京都に置いてきた妊娠中の妻が思いもかけず病をえて、あっけなく亡くなってしまいました。

国明の陣に、妻が亡くなったという悲しい報せが届きます。折しも戦いの最中です。陣中に僧侶を呼んで、ねんごろに供養をおこなうわけにもいきません。彼は妻の冥福《めいふく》を祈り、供養のかわりに、乞食に毎日三文銭を施すことにしました。戦いが激しかった二日間は施すことができなかったのですが、その後また続けて毎日欠かさず三文銭を施し続けました。

やがて、国明は反乱を鎮圧し、京の都へと帰りました。

義光へ勝利の報告を終えると、国明は蓮台野の妻の墓を訪ねました。墓とはいっても、旅先での仮葬ですから、卒塔婆《そとば》が立ててあるだけの質素なものです。焼香をし、念仏を唱えていると、かすかに赤ん坊の泣く声が聞こえてきます。耳を澄ますと、どうも赤ん坊の泣き声は墓の下から聞こえてくるようです。

ちょうどそこへ顔見知りの茶屋の亭主がやってきました。この茶屋は墓地から一町（約百メートル）ほど南にあります。国明の妻が亡くなったことを知らない亭主は、今回の戦勝の祝いをひととおり述べたあと、不思議な話をはじめました。

「二十四、五日前から、女の幽霊が店にやってくるのです。三文銭を持ってきて餅を買うと帰ってゆきます。毎日買いに来ていたのですが、なぜか途中二日間だけ来ませんでした。でも、その後はまた毎日のようにやってきました。『さて、この女は、どこへ帰っていくのだろう』と不思議に思って様子をうかがっていると、女は墓の方へ向かっていきましたが、半町ほど行ったところでふっつりと姿が消えてしまいました。もっとも、この二、三日は姿を現しませんが……」

国明はこの話にびっくりします。

「我が、陣中で妻の供養になればと乞食に施したのは三文銭である。そして施しが二日中断したというのも、三日前に陣を引き払ったのも、茶屋に女がやってきたのと日数が一致している。なんと、この女の幽霊は我が妻であろうか……。墓を掘ってみよ」

と、供の者たちに鋤《すき》を借りてこさせ、墓を掘らせました。すると、墓の中にはお腹をすかせて泣きじゃくる赤ん坊の姿がありました。

妻の屍骸《しがい》はすでに腐り崩れていましたが、その姿は我が子を抱きかかえるようでした。

その場に居合わせた者はみな、わが子を思い幽霊に姿を変えて子供の命を守り続け

墓を掘ってみれば、そこには赤子の姿が……。
母の一念を思い、みなが涙します。（国立国会図書館蔵）

た母親の愛情を切なく思って涙を流すのでした。

国明はこの世の哀れを感じ、弓矢を捨て、仏道へ入る決心をします。赤ん坊を茶屋へ養子に出し、足利将軍家へ暇乞《いとまご》いをし、関東藤沢の遊行寺《ゆぎょうじ》へ下り出家しました。国阿弥陀仏と号して、五十年の修行を積み、神仏に通じ、その偉業は寺の縁起に記されています。

（「奇異雑談集――国阿上人発心由来の事」より）

女の生首《いきくび》

愛する人と片時も離れたくないという女の妄念が、愛する人と自らを追い詰めて悲劇を招きます。若い男女の懊悩《おうのう》や欲望、迷いなどを描いた物語です。

ある若僧が、京の都でとある娘と恋に落ちました。二人は深い仲となり、将来は夫婦になる約束をします。ところが、若僧に師から関東の寺で学ぶようにとの仰せが下ります。僧は娘とは別れがたく思い、しばらく鬱病《うつびょう》のようになってしまいました。しかし、ずっとそのままというわけにはいきません。

ついに、若僧は娘に暇乞《いとまご》いをして、東へ向かいました。ところが、僧を恋い慕う娘は涙ながらに袖に縋《すが》りついて、僧を送ってゆくと言って聞きません。

夜に都を出発してきたので、近江《おうみ》へと出る粟田口《あわたぐち》に行きつく頃には、東の空がわずかに明るくなってきました。

「いつまでも名残《なごり》は尽きないけれども、夜が明けてしまったら、他人の目に私たちは見苦しいものに映るだろう。いつかの日かきっと戻ってくるので、またのめぐり逢いましょう。ここで、都へ帰りなさい」

僧は娘に言い聞かせます。しかし、娘は聞きわけません。

「あなたと別れたら私は一瞬たりとも生きてはいられません。だからといって、つき従って行くことも叶いません。今ここで私の首を落として、形見としてともに持っていって下さいませ」

と、言うと、娘は懐から小脇差《こわきざし》を取り出しました。

僧は呆然《ぼうぜん》とします。娘ははじめから生きて帰るつもりはなく、この刀を用意してきたのでしょう。帰れと言っても帰らないし、連れて行くこともできない。夜はだんだんと明けて、まわりは明るくなってくる。とにかく、このまま夜が明けて、旅の僧が女を連れている様子を見られてしまったら、見苦しい恥さらしとなってしまう。

可哀想と思う気持ちをこらえ、若僧は雪のように白い娘の肌に刀を押し当てて、首を斬り落としました。僧は娘の首を油が引いてある布にくるむと、袖を涙に濡らしながら、東へと向かいました。

若僧は飯沼《いいぬま》の弘経寺《ぐぎょうじ》（茨城県常総《じょうそう》市にある寺）の仏教学問所の寮へと入りました。と

若僧は娘の首を脇差で落とすと布に包んでそのまま関東へと持っていきます。（東京大学総合図書館蔵）

ころが、この僧の部屋から女の声がするのです。笑い声などが聞こえることもたびたびです。隣の部屋の僧が不審に思って何度も覗《のぞ》き見たのですが、部屋には若僧がひとりいるだけで、他の人がいる様子はありません。寮の狭い部屋ですから、人ひとりを隠すようなこともできるはずありません。そうこうして三年が過ぎました。

僧に母親が病気だという知らせが届きました。僧は都へと上っていきました。そのまま三十日が過ぎたある日、寮から女の泣き叫ぶ声が聞こえました。みな驚き、寺の中は大騒ぎです。泣き声のもとをたどっていくと、あの僧の部屋の前にたどり着きました。僧は京へ向かったので、戸には錠がかかっています。みなでそれを打ち壊し、部屋の中を覗きましたが、誰もいません。

しかし、ちいさな渋紙の包みの内から泣き声が聞こえてきます。恐る恐る開いて見ると……。

若く生き生きとした女の首が飯櫃《めしびつ》用の曲げの器に入っていました。化粧を施し、生きた顔のまま、いや、それ以上の美しさです。しかし、目は悲しげで、涙に濡れて腫《は》れています。人々が女を見ると、ちょっと恥ずかしそうな表情を浮かべましたが、朝の雪が日に当たるかのごとく、じわじわと色を変えて、枯れたように動かなくなりました。

どのような事情があるのかは分からないけれども、寺の僧侶たちでこの女の首を葬り、ねんごろに弔ってやりました。

その後、京より飛脚が下ってきました。

「かの若僧、急病のため亡くなりました。寮を明け渡します」

寺のみなが思いました。あの女の首が泣き叫んだ日、まさにそれが若僧の亡くなった日であると……。

後々、噂《うわさ》話に京で若僧と娘の間に起きた出来事を聞いて、みな驚きあきれ、言葉も出ませんでした。


（「新御伽婢子――女の生首」より）

第二章

「因果応報」のコワーイ話

悪の業をなしたれば、必ずその報いがやってくる
自分自身のみならず、災禍は子孫までおよび……

鬼に責められる女

賽銭《さいせん》泥棒をすると、いったいどういう運命が待っているのか？　山伏が見てしまった恐ろしい光景とは？

その昔、山伏が宇治の里から京都洛中にある誓願寺《せいがんじ》へ通っていました。彼は「隔夜《かくや》詣《もうで》」という一晩おきに神仏へ参詣する修行をおこなっていたのです。

彼が誓願寺を訪れると、きまって五十歳くらいの女が七つ下がり（午後四時頃）になるとやってきます。

「女性なのにこのようにしっかりと修行しているとは。きっと極楽往生の祈願をしているのであろう。なんと殊勝なことだろうか」

山伏は感心の思いでおりました。

さて、山伏が本堂に参籠《さんろう》し、祈りをささげていると、夜半過ぎに不思議な物音が聞こえてきました。

「いったい何事だろうか？」

外を見ると、鬼たちが一人の女を連れてやってきます。

お堂の庭に、ぱっと火焔《かえん》が上がりました。すると、五頭の鬼が、女の髪、四つの手足を持って引っ張り、火焔の上で女の身体を裏表と焙《あぶ》っていきます。

女は叫ぶのですが声は聞こえません。全身からまるで油を絞るかのように血が流れ出ていきます。

「この女、どうしてこの様な責め苦を受けねばならぬのだ？　いったい何者だろうか？」

山伏は戸の外へ出て、その顔を確かめようと見れば、いつも七つ下がりにやってくる例の女ではありませんか。

「ああ、どうして？　毎夕参詣を欠かさぬ信心深き女と思っていたのだが……。いったいこの女はどのような罪を隠しているというのだ？」

このおぞましい光景を前に呆然《ぼうぜん》としていると、夜明けを告げる鐘が鳴りました。と、同時に鬼たちと女の姿はぱっとかき消えてしまいました。

「夢だったのだろうか？」

山伏は今夜自分が見たことを夢、幻ではないかと自ら疑ってみるのですが、自身が

まるで鶏でも焼くかのように、鬼たちは女をじゅうじゅうと火で焙っています。（国立国会図書館蔵）

眠っていた様子もなく、やはり現実のものと思われます。たなびく横雲も散りゆき、空が明るくなってきたので、山伏は、いま一度、仏を拝んでから、宇治の里へ帰っていきました。

さて、その二日後の夜、山伏はいつもと変わらず誓願寺へ参詣しました。やはり例の女もいつもとまったく変わらぬ様子でやってきます。

「何かしらの罪を犯した人間なのだろう」

山伏は、しばし柱の陰に身を寄せて女の様子をうかがいます。

女は、手を合わせ本尊に向かって熱心に拝んでいます。しばらく拝んでいるかと見えたその時、女は人目がないのを確認し、すっと手を賽銭箱の中に……。二包の賽銭を取ると、女は何事もなかったかのように立ち去っていきました。

「これがあの女の罪か……」

山伏が本堂で夜を過ごしていると、また鬼たちがやってきて女を地獄の業火で責め立てています。

「あの女を改心させるようにと、仏が私に告げているのだろう。仏の力によってこのような幻を見ているに違いない」

山伏はすべての謎が解け、納得した思いで、夜が明けると宇治に帰っていきました。

山伏は翌日、誓願寺へとやってきました。女もいつもと変わらず七つ下がりにやってきました。山伏は、女の袖を引いて本堂の隅に連れて行き、優しく語りかけます。

「さて、私がこの寺へ修行のために詣でるようになってから、あなたがお参りを欠かしたことはありません。とても尊い行いだと感心しておりました。

ところが先日、たいへん驚いたことがありました。本堂にこもって祈りをささげていると、外に五頭の鬼がやってきて女を地獄の業火で焙っているのです。鬼に責められている女が、顔、形、年の頃もあなたと瓜二つなのです。あなたのことは、何度もお見かけしているので、間違いではないと思います。怪しく思うようでしたら、今夜自分の目で確かめてみて下さい。

もしかして、あなたは何か悪事を心の中に隠しているのではないですか？　ありのままに語り、懺悔《ざんげ》すれば、死後に地獄へと落ちることはないでしょう」

山伏の言葉にじっと耳を傾けていた女は、顔を赤くして涙を流しながら語りだしました。

「なんとお恥ずかしい。そのようなお告げがあったのですね。もはや隠し事はいたしません。すべて申し上げます。私はこの寺から二、三町（約二、三百メートル）先に長年暮らしております。夫も子もなく、天涯孤独のひとり身です。春はひもじく、冬は凍えるような生活を送ってきました。

ある日、この寺へお参りした時に、人の目がないのを幸いに、つい、仏前の二十文を盗んでしまいました。おかげでその翌日から生活が楽になりました。それに味をしめ、毎日のように申《さる》の下刻（午後四時過ぎ）にやってきては、十五銭、二十銭の小銭をくすねていき、この三年の間、命をつないできました。仏様に供えられたものなので、多くを盗もうとは思いませんでした。ただ、暮らしてゆければと」

女の頬《ほお》に後悔の涙が流れます。

「ですが、隠しても隠しきれず顕れた私の罪です。あなた様からご教化にあずかり、罪を告白できたのも、仏のご慈悲でしょうか。仏に供えるものを何も持たないわが身が恨めしく思えます。どうすれば、私の賽銭を盗んだ罪が許されるのでしょうか……。今宵、あなた様とご一緒に、私が責め苦を受ける様子を見せて下さい」

さて、夜半過ぎとなり、「あれをご覧なさい」と、山伏にうながされ、女が見たのは、見まがうことなきわが哀れなる姿。鬼たちが、自分を地獄の業火でじゅうじゅうと焙っています。悲しい思いのうちに眺めていると、そのおぞましい光景は二刻（四時間）ほど続き、夜明けとともに消え失せました。

夜が明けて、山伏は宇治の里へと帰っていきました。

女はそのまま誓願寺の住職のもとを訪ね、懺悔をして、尼となりました。

その後、女は参詣の人々がやってくると、寺の庭で自分の罪とその報い、仏の慈悲について語ったといいます。

（「宿直草——誓願寺にて鬼に責めらるる女の事」より）

親不孝な三兄弟

不孝者たちの行く末を描いた短い怪談です。五逆《ごぎゃく》（仏教においてもっとも重い罪）を犯すと、その報いは来世ではなく、すぐに現世で現れ出るという、戒め話となっています。

慶安《けいあん》頃（一六四八～五二）のお話です。

西国の美作《みまさか》（いまの岡山県北部）の久米というところの山里に、三兄弟が住んでいました。

年老いた母の面倒を順番にみていたのですが、三人揃って親不孝者で、母を養うなんて無駄なことと思っていました。

ある時、三人は集まって、そら恐ろしい相談をはじめます。

母に毒を盛って殺そうというのです。

まず、上の二人が、母親に毒を盛ったのですがうまくいきません。

しかし、結局は末っ子の手によって母は殺されてしまいました。

浅ましくも三人は喜びました。

「ああ、やっと重荷がとれた。今日から苦になるものが何もない」


それから十日後。

白昼にわかに空がかき曇り、雷鳴が轟《とどろ》き稲妻が光ります。激しい雨が降ってきました。目も開けてはいられないほどの激しい嵐がしばらく続きました。

雨が止むと、なんと三人の兄弟は、醜悪な異物に姿を変えていました。頭だけはもとのままで肩から下が、一人は牛となり、一人は犬となり、いま一人は馬となっていました。

三兄弟はもはやどうすることもできません。

家には近隣から見物人が集まってきます。三兄弟は生き恥をさらしながら、ただ歳月を重ねて、ついにはこの畜生の姿のまま死んでいきました。

親不幸どころか、親を殺すなどという五逆を犯すと、今生において畜生に姿を変えられてしまう罰を受けるのです。この三兄弟は、畜生の心を持った者たちなので、天

雷神によって三兄弟はそれぞれ、
牛、犬、馬に姿を変えられてしまいました。

の神が雷神に命じて、被っている人の皮を剝《は》ぎ取り、畜生の本性を露わにして、彼らを懲らしめたものです。

不孝の輩《やから》は、たとえ今生で畜生の形に変ずることはなくても、来世でかならず畜生道に落ちるものです。

おそるべし、おそるべし。

（「善悪報ばなし――親の報ひ、子供三人畜生の形をうくる事」より）

陀《だ》羅《ら》尼《に》経《きょう》の御利益

親の因果で、子が馬に変えられてしまう話です。挿図の馬ですが、なかなか珍妙なものになっています。物語は、仏教説話の「御仏のおかげ」というお決まりの展開です。

これは、比叡山《ひえいざん》の塔頭《たっちゅう》・宝幢《ほうどう》院の宗珍という僧から聞いた物語です。

むかし、唱導《しょうどう》の僧（人々を仏道に導き入れるために仏法を説いてまわる僧）七人が北国に下っていきました。

越中《えっちゅう》の国（いまの富山県）で、広い野原を歩いていると、いままできれいに晴れていた空が、にわかにかき曇り、昼時なのにまるで夕方のような暗さです。困った僧たちがあたりを見まわすと、近くに古い門が見えました。すると、門から皮衣《かわごろも》（防寒用の服）を着た男が出てきて、「どうぞ、こちらへおいで下さい」と僧たちを手招きします。みな「これは助かった」と思い、門の中へ入っていきました。

家の奥から主人らしき老翁が出てきました。彼は、七人の僧をひとりひとりじっと見つめると、中のひとりを指さして、

「この僧に轡《くつわ》をはめよ」

と、皮衣の男に命じます。男は轡を取ってくると、指さされた僧の口に轡をはめてしまいました。

するとどういうことでしょうか。一瞬のうちに僧は、いななき跳ねる馬に姿を変えてしまいました。

「ここは畜生道に違いない。この越中の国には、地獄道、畜生道があると聞いたことがあるぞ。ここが、まさしくその畜生道だろう。このまま我々は馬になってしまうのか」

残りの僧たちは、この怪異にとても驚き、戸惑っていましたが、陀羅尼《だらに》（呪文）を唱えることを思いつきます。

「尊勝《そんしょう》陀羅尼を唱えれば、『来世で馬に生まれ変わることなし』と言われている。さあ、今、これを唱えよう」

六人全員が、陀羅尼経を一心不乱に繰り返し、繰り返し唱えます。

轡をはめられた僧は、一瞬のうちに馬に姿を（顔は除く）
変えられてしまいました。（国立国会図書館蔵）

老翁と皮衣の男を見ると、経に聞き入っていて、残りの僧たちを馬に変えようと動く気配はありません。これは助かったらしいと思い、陀羅尼経を二十一遍唱えたところで、僧たちはそのまま門から出ていきました。

ところが、一町（約百メートル）ばかりいったところで、あの例の皮衣を着た男が出てきて、立ち去ろうとする僧たちに戻ってくるように呼びかけます。

「ああ、やはり我々も馬にされてしまうのか。逃げても逃げられるものではないらしい。因果には、経の力は及ばなかったのか……」

六人の僧はあきらめて門内へと立ち戻りました。

身を固くして待っていると、老翁がやってきました。翁が口を開きます。

「さきほどの尊勝陀羅尼。この経を唱えるとは。近頃、この経を学んでおるものは少ない。まことに殊勝な心がけ。それに免じてこの僧をお返ししよう」

六人は大いに喜びました。

しかし、みなはひとつ疑問を感じていました。

「この僧が、なぜ畜生道に落ちねばならなかったのですか？」

「この僧は、備中《びっちゅう》の国（いまの岡山県）吉備《きび》津宮の神主の子じゃ。この親は、長年鉄の商いをし、毎日馬を使っている。重い荷を負わせて、馬をこき使い、苦しめているのだが、憐れに感じる心をまったく持っていないのじゃ。その因果が、親本人ではなく、この子に報いてしまった。

本当は、今日、ここで馬となり、この先長く畜生として生きてゆくはずだったのだが、尊勝陀羅尼の功徳によって、因果を転じることができたのじゃ。僧に戻して返すので、みなと一緒に連れ帰ってやりなさい」

言い終えると老翁は立ち去りました。

馬に変えられた僧をと見れば、ぱっと姿は元どおり。


あたりを見まわすと、門は消え、老翁も皮衣の男の姿もありません。空は晴れわたり、日は天高く輝いていています。

「なんと不思議で素晴らしいことだろうか」

とみな口々に言い合い、例の僧を一緒に連れていこうとしますが、僧の膝はガクガクで腰も立ちません。自力で歩くことができないので、六人でかわるがわる背負ってゆきました。道すがら、僧に素性を尋ねてみると、「我は、吉備津宮の神主の子です」と答えました。老翁の言ったとおりです。

みなは、加賀《かが》の国（いまの石川県西部）によい温泉があると聞いて、僧を連れて行きました。馬に変えられて足腰の立たなくなった僧は、湯治によって癒《い》えることができたということです。

（「奇異雑談集——越中にて、人、馬になるに、尊勝陀羅尼の奇特にてたすかりし事」より）

指が蛇になった女

メデューサは髪を蛇に変えられてしまいますが、この話では女の悪事の報いが手指に現れます。さて、この女がおこなった悪事とは……。

紀州《きしゅう》の三原（いまの和歌山県田辺市のあたり）というところに、ある夫婦がおりました。この家では下女をひとり使っていました。この下女は、ちょっと可愛らしく愛嬌《あいきょう》がある娘でした。妻には夫がどうもこの下女のことを気に入っているように思えてしかたありません。

妻はひとり嫉妬《しっと》の炎を燃やしていました。

夫が出かけたとみると妻は、下女をいたぶります。

まずは下女に無理難題をふっかけます。下女にその事ができないとなると、髪を摑《つか》んで罵《ののし》りながら家中を引きずりまわします。

さらに無理な手職を命じ、当然下女はそれをすべてこなすことはできないので、できなかった罰として、妻は金槌《かなづち》を取り出し、下女の手の指を一本、一本強く打ちつけます。そして、夫に近づかないという誓紙を書かせました。

こんなふうに下女はいたぶられ続けている間に、病気になり、亡くなってしまいました。

「ああ、これで安心。心のつかえが取れたようで、道さえ広く感じるわ」

冷酷にも妻は下女の死を喜んでいました。ところが……。

しばらくすると、妻の指がおかしなことになってきました。だんだんと指先がぐにょぐにょと柔らかくなり、色が青緑に変わっていきます。

医者を呼び、さまざまな治療を施すのですが、一向に効き目はありません。

それどころか、十本すべての指の先が蛇となって、口を開き、チロチロと赤い舌が出ています。互いに纏《まつ》わりつくもの、喰いあいをするもの、指の先では地獄のような恐ろしい光景が繰り広げられています。

喰われた指は、激痛が走り、身体じゅうの節々が裂け離れるのではないかというほ

妻の指先では、蛇の喰いあいという
地獄絵図が繰り広げられています。

どの苦しさです。

「ああ、苦しい。悲しい」

妻は呻《うめ》き声を上げながら、五十日もの間、苦しみ悶《もだ》えて死んでいきました。

この妻は来世はきっと蛇の国にいるのでしょうね。

(「善悪報ばなし―女房、下女を悪しくして、手の指ことごとく蛇になること」より)

油のように血を絞る鬼

「親の因果が子に報い……」の因果話です。手口は違えどもお寺のお金に手を出すと、五十八ページの賽銭《さいせん》泥棒の女と同じように、鬼がやってきて痛い目に合わされるようです。

寛永《かんえい》十四年（一六三七）のお話です。

京都・建仁寺《けんにんじ》の門前に餅屋がありました。

ある日、旅の僧が餅屋で餅を食べながら、あれこれと話をしているうちに日が暮れてきました。僧は店の主人に頼みます。

「私は、東国の出身です。はじめて京都にきたので知り合いがおりません。今晩泊めてはもらえないでしょうか？」

「見知らぬ人を泊めるのは、ご法度ですが、出家の旅の方なので大丈夫でしょう」

主人は快く承知してくれました。

夜が更けると、餅屋は僧を奥の部屋へと案内し、「お休みなさいませ」とあいさつをすると、早々に自分の寝床へと引き上げていきました。

この餅屋には美しい娘がおりました。

しかし、この娘は顔色がいつも青白く、瘧《おこり》(間歇的《かんけつ》に起きる熱病)の病があります。瘧にうなされる時には、板か何かで身体を上から強く押された様子で、「ひいひい」と大きな叫び声を上げます。瘧は一刻(二時間)続くときもあれば、半刻(一時間)で止むときもあり、また、瘧が出ない夜もあります。こんなにひどくうなされているにもかかわらず、目を覚ました娘には、この激しい発作の記憶がないのです。ただの寝言ではないかと思っているのです。

この夜も一刻ほど瘧が続きました。

翌朝、朝早く起きた僧は餅屋の主人に怒ります。

「あんなに娘が苦しみ、声をあげているのに、あなたたち夫婦はどうして平然と寝ていられるのですか」

餅屋はうなだれ、涙ながらに語りました。

「私たち夫婦にとっては、娘のあの発作はもはや珍しくはありません。発病してからもう五年になります。

はじめのうちは、それこそ驚き、娘をなんとか起こそうとしたのですが、眠ったままなのです。いくつもの薬を与え、針を打ち灸も据えたのですが、まったく効き目がありません。霊験があると言われる洛中洛外の神社仏閣にはすべて参拝し、有名な高僧を頼み、神主や巫女を訪ねゆき、いろいろに祈ったのですが、娘の病は一向によくなりませんでした。

今は打つ手もなく、ただ泣きながらそのままに暮らしております。娘は今年で十六歳になりました。誰かが情けをかけてはくれないかと思うのですが、病のために縁付くこともかないません。お坊様は、諸国をご覧になられたそうですが、私たちと同じような境遇の者がおりますでしょうか」

餅屋の話を聞いた僧は深く頷《うなず》くと、

「私がこの家に宿を借りたのは、実は理由があるのです」

と不思議な話をはじめるのでした。

「私は東国でさすらいの旅をしておりました。

ある時、日暮れになり、どこか夜をしのげる場所はないだろうかと探していると、森の中に寺を見つけました。この建仁寺とよく似た景色でした。

その寺にどのような仏様が祀《まつ》られているのかは存じませんでしたが、私はお堂で読経をしておりました。夜もだいぶ更けた頃、何やら物音がするので、外を見ました。するとそこには恐ろしい鬼が現れ、まな板を庭に据えています。

お堂の陰から見ていると、さらに四、五頭の鬼が若い女を引き立ててやってきます。鬼たちはこの女を板の上に載せて、同じような板で挟み、声を揃え、力を込めてぐいぐいと押します。

哀れにも女は、『ひいひい』と叫んでいます。身体からは血が流れ出ています。すると、鬼のうちの一頭が升で血を量りはじめました。ほどなく、この鬼が、

『今宵はどのくらい採ればいいのだ？』

と尋ねます。

『二合五勺（約四百五十ミリリットル）だよ』

『じゃあ、これで充分だ。板を取れ』

鬼たちが上に載せた板を取りのけると、女は苦しげにふらふらと立ち上がりました。鬼たちの姿は一瞬のうちにどこかへ消え去ってしまったのですが、残された女は拙僧

のもとへ歩み寄ってきました。

『恥ずかしいところをお目にかけました。このようにお目に入れたのには、言づけをお頼みしたいからなのです』

つらそうな息の中、女が語りかけてきました。

『私は京都・建仁寺門前の餅屋の娘です。私は、死んでこの苦しみを受けているわけではありません。生きながら苦しんで五年になるのです。私の父母が自分たちの罪を知らなければ、この苦しみは止まないのです。父母の罪というのは……。

建仁寺の稚児が油と交換で餅を買いにきます。私の親は浅ましくも二十銭の油を受け取っても、十五銭の餅を持たせ、三十文の油では二十五文の餅を渡します。

昨日も二合五勺の油をごまかし、不正な儲《もう》けを得たがために、鬼が足りない分の代金として、私の血を絞りにやってくるのです。生きている間にさえこんな責め苦にあっているのに、死後はいったいどんな責め苦が待っているのでしょうか……。

ぜひ慈悲の心で、都へ上って、私の父母にこの話をして下さい』

私は、驚きつつも応えました。

『お安いご用です。しかしながら、この話を信じてもらうために何か証《あかし》となるようなものが必要ではないかと思うのですが』

『では、これをどうぞ証として下さい』

女は着ている着物の袖を解いて私に渡しました。

受け取って立ち上がろうとすると、娘も消え、あったはずの寺も消えてあたりは野原となりました。もちろん、これは夢、幻かと思ったのですが、証の片袖が私の手元にありました」

僧は、袖を差し出します。

「尊いお告げと思い、遠き道のりながら京へと上ってきました。ここへ着いてみると、周りの景色も、娘の顔かたちも、また苦しみ喘《あえ》ぐ『ひいひい』と叫ぶ声も、あの夜に見たまま、まったく変わりがないのです」

餅屋の夫婦は、袖を見て驚きます。今年の正月に着せた着物と同じ布です。長持を開けてみると、その着物の片袖がなくなっています。僧が差し出した袖を合わせてみると、ぴったりと合うのです。

「ああ、なんと娘の病の原因は、私たちの罪だったか……」

夫婦は、やっと自身の罪を悟ったのでした。

もしかしたらこの旅の僧は、仏の化身だったのかもしれません。

（「宿直草──建仁寺の餅屋告げを得る事」より）

虫喰いの歌

なさぬ仲の〝継子いじめ〟の話です。父が留守の間に継母に殺された娘が、そのことを父に知らせるための驚きの方法とは?

近江《おうみ》の国(いまの滋賀県)の北に水保《みずほ》というところがありました。

その近くの村に、理助という男が住んでいました。彼は妻を亡くし、後添えをもらいました。元妻との間に娘がひとりいたのですが、やってきた継母は朝から晩までその娘につらくあたります。

継子を妬《そね》み苛《さいな》む心は、身分の高低を問わず、どんな遠国遠里であろうとも、なくならないのは常のようです。

ある日、理助は十日ばかり用事があって出かけてゆきました。

継母は理助が留守にしている間に娘を殺してしまおうと謀《はかりごと》をめぐらします。

ちょうどそのころ、村では夜祭りが開かれます。この祭りのどさくさに紛れて娘を消してしまうことを、継母はある男に依頼したのです。

夜も更け、踊りがはじまり、みなが熱狂しはじめます。踊りにかこつけて男は娘に近づき、言葉巧みに踊りの輪から誘い出します。

男は娘を村の外に連れ出すと、娘を殺し、山中深くに死体を埋めました。

用事を済ませた理助が家に帰ってきました。彼は娘の姿が見えないので、妻に尋ねます。

「あの子はどこにいるんだ?」

「あの子は、この前の夜祭りに出かけたきり、いまだに帰ってきません。村の人たちに聞いてまわったら、祭りの時、男と二人で話をしていて、その後、その男と一緒に村を出ていったらしいわ。都に行く道の方へ向かったみたいだって。村のみんながそう言っているから間違いないでしょうね。

いま思えば、最近、あの子の様子がおかしかったような気がするのよね。何だろうとは思っていたのだけど……」

妻はまことしやかに答えます。

(そんなことあるだろうか。きっと、どこかへ売ってしまったか、あるいは追い出し

て、私に嘘《うそ》を言っているのだろう）

と理助は、不審には思ったのですが、まさか妻が娘を殺してしまったなどとは思いもしません。

行方の知れぬ娘を探し歩くわけにもいかず、ただ帰ってくるのを願って、理助はわが娘を明け暮れに恋しく思っていました。

その年も暮れ、さらに季節は過ぎ、明くる秋になりました。

時が経っても理助は寝屋にいけば、いなくなった娘のことを思い出し、寂しくなって涙を流していました。

ふと寝屋の柱を見ると、柱に虫喰いの跡を見つけました。不思議に思って、近づいてこれを見ると、虫喰い跡は文字が連なっているようです。よくよく読んでみると文字は歌になっています。

朽ちはつる　つらき継母のしわざこそ　長きなみだの　恨みなりけれ

継母への恨みが刻まれています。

理助は、継母が娘を殺したに間違いないと確信しました。妻を一間に押しこめて、問いただします。妻は、はじめはシラを切って前と同じように娘は男と出て行ったと答えるのですが、理助はもはやそんな話を信じません。責め、問い続けます。厳しい詰問に、ついに継母は自分が娘を殺すように謀ったことを白状しました。

理助は、代官へ訴え出て、継母は死罪となりました。

悪巧みをし、他人は知るまいと思っても、悪事というものは隠せるものではありません。天罰というのは逃れられないものなのです。

（「善悪報ばなし―継母、娘を殺す　並びに柱に虫喰ひ歌の事」より）

無慈悲の家老

江戸時代らしく武家を舞台とした話です。いくら身分の高い家老であっても、慈悲の心が薄く、また主人の言いつけに背いたならば、必ず悪事は露見するという教訓話になっています。


慶安《けいあん》年中（一六四八〜五二）春の頃のことです。

京都の嵯峨《さが》にとある武家がありました。その家の下人が持ち逃げをしたのですが、たいした物ではなかったので、主人は咎《とが》めることなくそのままにしていました。

一年ほど過ぎて、この下人が京都の南にある東寺にいるという話が、嵯峨の屋敷に聞こえてきました。当時、犯罪者が寺院に逃げ込めば、治外法権で俗世の手は及ばないならわしでした。

しかし、この武家の家老は、今後の使用人たちへの見せしめにしようと考え、下人を捕えて、主人のもとに引き出しました。

下人を前にした主人は、ゆっくりとした口調で、

「べつに小さなことだから構わぬではないか。その上、もうずいぶんと前のことだ。放してやりなさい」

と下人を放免してやるように命じます。ところが、家老はそのまま下人を屋敷に捕え置き、密かに殺してしまいました。

下人は最期におよんで、

「なんとまあ恨めしい。ご主人様がお赦しを下さったというのに、なぜ家老が我を殺そうとするのだ。ああ、三日のうちに必ず怨霊《おんりょう》となって現れ、思い知らせてやる」

うしろ手に縛られ引き据えられた姿のまま、飛び上がり、

「ああ、口惜しい」

と歯ぎしりをして、振り向きざまにキッと家老を睨《にら》む怒気のこもった眼差しは凄惨なものでした。

下人の首を刎《は》ねてからというもの、家老の目の前に、下人の睨んだ両の眼《まなこ》がちらつきます。

起きていても、寝ていてもあの目が睨んでくるのです。

上を向けば天井に、下を見れば畳に、下人の目が睨んできます。ウトウトとまどろめば、夢の中にさえ下人の目が睨んできます。どんなことをしていても、怒気のこもった下人の目が家老を睨んでくるのです。

巫女や神主を呼んで、さまざまな祈禱《きとう》をするのですが、まったく効果はありません。家老は、ほどなく病の床につきますが、

「あれ、あれを見ろ。また来たぞ」

などとうなされながら飛び起き、徘徊しては半狂乱の体です。三十日ばかりこの調子でいたのですが、憔悴《しょうすい》しきってとうとう死んでしまいました。

人々は口々に、

「一度、上の者が情けをかけて助けたものを、自分の一存で殺してしまうとは。下人の憎いと思う一念がやってきて取り殺したのだ。はやくも報いがきたものだ」

と言うのでした。

（「善悪報ばなし―無益の殺生の事　並びに霊来りて敵を取ること」より）

もの言う髑髏《どくろ》

そうそう世の中にうまい話など存在しないのは、今も昔もこれ一緒のこと。このうまい話、実は誰かに仕組まれた罠かもしれません。ご用心！

摂津《せっつ》の国丸橋（いまの兵庫県西宮市内）というところにとある男がおりました。男は欲深で情の薄い人間でした。

隣村で頼母子講《たのもしこう》（互助的な金融組合。みなで一定の掛け金を出し合い、順次組合員に一定の金額を融通する）をやっていましたので、そこへ向かいました。

その道の途中に墓地があり、男がここを通ると着物の裾《すそ》に何か重いものが引っかかります。

振り向いて見ると、髑髏がひとつ裾に食いついているではありませんか。

蹴とばして行こうとすると、この髑髏が、声を発して男を引き留めます。

怪しくは思ったのですが男は髑髏に向かって「何だ？」と返事をしました。

すると……。

「私はその昔、あなた様に厚恩を賜りました者です。どうにかしてご恩に報いたいと思っていたのですが、世は無情、不幸にして死んでしまいました。今わの際《きわ》まで、この事が心にかかっておりました。あなたがこの墓所に通りかかるのを、ずっと待っておりました。私の言うことを信ずれば、大金持ちになれます。ぜひ、話を聞いて下さい」

（これは、面妖《めんよう》な。……。しかし、大金持ちになれると？）

男は怪しみながらも、大金持ちになれるということが嬉しくて、頷《うなず》きました。

髑髏は次のように語りました。

「今夜、隣村の頼母子に行ったらば、みなの前で『今、道で古い髑髏がものを言うのを聞いたぞ』と言ってみて下さい。きっと周りのみなは笑って、あなたの言うことを信じないでしょう。『なら、私が行ってものを言わせてお前たちにも聞かせてやろう』と言っても、まだ、みなは信じないでしょう。さらに言い募れば、誰かが『じゃあ、本当に髑髏がしゃべるかどうか賭《か》けよう』と言い出すはずです。

ここで、決して小さい賭けにしてはなりません。全財産を賭けなさい。それに、証文もきちんと書いて、間違いの無いようにしてから、ここへ来て下さい。みなの前で私がこのようにしゃべりましょう。それにてあなたはみなから一切合財受け取って大金持ち。これで私の長年の心のつかえが取れます。

ただ、髑髏がものを言うことは、普通に考えてあり得ませんよね。まだあなたは、私のことを狐狸《こり》の類とお疑いでしょうか。でも、決してそんなことはありません。その昔、慈恵《じえ》大師の白骨の首が女人に法華経《ほっけきょう》を教えたという話もあります。この髑髏を信じて、ぜひ大金持ちになって下さい」

髑髏の親切な教えに男は大喜びで、隣村へと向かいました。

さて、頼母子講の集まりに着くと、男はさっそく髑髏に教えられたとおりに「ものを言う髑髏」の話をはじめます。案の定、話を聞いたみなに大笑されてしまいました。

男は息巻いて、

「お前たちの愚かで無知な心のせいで、物の不思議というものがわからないんだ。私はまざまざと髑髏と言葉を交わしたのを、そのように激しく中傷するとは虚《うつ》けらめ！」

悪口を言い、わざと相手を怒らせようとしました。

「それじゃあ、確かだというんだな。ようし、賭けて、髑髏の言葉を聞きに行こうではないか」

みな怒って口々に自分から賭けると言い出しました。

(しめしめ、これは思った通りに事が運んだぞ)

男は、家屋敷に諸道具、田畑にいたるまで賭けて、証文を取り交わして、みなを率いて、例の墓に向かいました。


男は髑髏のところへ行き、話しかけます。

「さあ、戻ってきたぞ。声を発し、ものを言いたまえ」

ところが髑髏からは何の返事もありません。賭けたまわりのみなは、一瞬どよめいて、その後、笑うこと、笑うこと……。

男は赤面し、髑髏を手に取って動かして、前や後ろからあれやこれやと言い募るのですが、髑髏はうんともすんとも言いません。まわりの笑い声は一段と大きくなります。そしてみなは男を罵《のの》しり、家屋敷を受け取ると言う話になります。

男はあれこれと一所懸命詫びを入れるのですが、さんざん悪口を叩いた後ですし、加えて、日頃から悪い事ばかり行ってきたので、みな許してくれません。妻子も着の

髑髏をしゃべらせようとするのですが、
まったく答えません。（東京大学総合図書館蔵）

み着のままで追い出され、田、畑、山など、男の財産はことごとくみなで分け取りとなりました。

男は怒り心頭。ふたたび例の墓地へやってきました。髑髏に向かって、

「お前の言った通りに事を運んだというのに、なぜ、俺が大勢を連れてやってきても一言もしゃべらないのだ。

思えば以前に聞いたことがあるぞ。地獄に落ちた人が閻魔《えんま》に暇《いとま》を願うと、罪によってはちょっとばかりの暇が認められて、娑婆《しゃば》へ帰らせてくれるという。私に言葉をかけたのは、この暇のときであろう。そして、みなを連れてきた時には、すでに冥界《めいかい》に去った後だったのだろう。それならば、また、ここへ帰ってくる時もあるだろう。その帰ってくる時を、教えてくれ。そうすれば、他の連中を連れてきて、私の疑いを晴らして、家屋敷など財産を取り戻して、さらにみなの財産の多くを我がものにしてやろうぞ。そうなったら、そちのこともねんごろに弔って差し上げよう」

と、最後は涙声です。

すると、髑髏がまたしゃべりだしました。

「私は、昨日わざと名乗らずにいた。ただ、恩を受けた者と言ったのを何と思った？

お前は今まで人から恩を受けるようなことは何もしていないだろう。ほんの少しの慈悲すら与えたことはないのだろう？

私は、その昔、この丸橋の地の大金持ちであった。お前とお前の父親の陰謀によって、わが一族の財産すべてを掠《かす》め取ったであろう。暮らしの道を失い、家を失った、そう、内山新三郎こそ、私だ。恨み骨髄。食を絶ち、この墓の前で首をくくった男だ。ああ、今、この時こそ、我が思いがまさに報われた。我が妄念が晴れて嬉しや」

髑髏はあざ笑います。

男はこれを聞いても、自分の悪行を反省するでもなく、なおさら腹を立て、大きな石を運んできて髑髏の上に落として打ち砕きました。

髑髏からは一滴の血も流れず、また痛がる様子もありませんでした。

それにしても、死後に仇を報いるとは、恐ろしいことですね。

（「新御伽婢子―髑髏言」より）

孫太郎の鬼の国めぐり

鬼神や幽霊を信じない傲慢《ごうまん》な男が、地獄めぐりのごとく次々と化け物に追い回され、そしてたどり着いた先とは？

若狭《わかさ》の国遠敷《おにゅう》郡熊川（いまの福井県三方上中郡若狭町熊川）というところに、蜂谷孫太《はちやまごた》郎《ろう》という男がいました。この男、家が裕福だったので、耕作や商売のことは気にも留めず、ちょっと儒学をかじっただけで悦に入っていました。無学の人を見れば、物の数ともせず、文字学道ある人を見ても、私には優らないと驕《おご》り高ぶり、それどころか仏法を誹《そし》り、善悪因果の理《ことわり》や三世流転の教えを破り、地獄、極楽、娑婆《しゃば》、浄土の説を笑い、鬼神、幽霊などはまったく信じませんでした。

「人は死ねば魂は陽に帰り、魄《はく》は陰に帰る。形は土と成り、何も残るような物はない。美食に飽き、小袖を着て、妻子豊かに楽を極めることが「仏」よ。粗食だけでひもじく、麻衣一枚だけ纏《まと》ってなりふりかまわず妻子を売り払い、辛苦するは「餓鬼道」よ。

よその家の門の前に立って声を上げて物乞いをして、残り物を食って汚いとも思わず、石を枕に草に臥《ふ》して、雪が降っても赤裸の者が「畜生」よ。

罪を犯して牢獄に入れられて、縄に掛けられ首を刎《は》ねられる、身を試され、骨を砕かれ、あるいは水責め、火あぶり、磔《はりつけ》などが「地獄道」。そして、これを取り扱う者らが「獄卒《ごくそつ》」よ。

あるのはこれだけ。この他には何もない。目に見えない来世のことや、まして、紛いごとでしかない幽霊のこと、それに僧や法師、巫《かんなぎ》、巫女の言うことを信じるなんてまったく愚かしい」

と訳知り顔で言いたい放題。

たまに諫《いさ》める人がいると、中国の古典「四書六経《ししょりくけい》」を引用して、あれこれと屁理屈をつけては、弁舌にまかせて言い負かし、放逸無慚《ほういつむざん》の有様。そのうち人々は彼を「鬼孫太郎」とあだ名して、もはや取り合わず、変わり者として扱っていました。

さて、その鬼孫太郎、所用があって敦賀《つるが》へひとりで向かいました。家を出たのが遅かったので、今津《いまづ》河原（いまの滋賀県高島市今津町の石田川の河原）で日が暮れてしまいました。近江《おうみ》・小谷城《おだに》で浅井軍と織田軍の戦いがあった後なので、何かと物騒で人の往来も稀《まれ》です。簡単に宿を貸してくれるような家はありません。河原におりて見渡すと、人骨がここかしこに散らばっています。川の水が流れる様子さえもの淋しく、四方の山々には雲が立ち込めています。

泊まる宿もなく、さてどうしようかと思っていると、北の山際にこんもりと茂る松の林が見えました。孫太郎は、この林に向かい、木の根元に座ってしばし休んでいました。梟《ふくろう》の声はすさまじく、狐火が光り、梢《こずえ》に渡る夕風が身にしみて、心細く思って、左右を見まわすと、人の死骸《しがい》が七つ、八つ臥《ふ》し倒れています。蕭々《しょうしょう》たる風に紛れて、小雨が降りだしました。ぴかっと稲光がして、ゴロゴロと雷鳴が轟《とどろ》きます。するると、臥し倒れていた死骸たちがむくっと起き上がり、よろめきながら孫太郎めがけて集まってきます。孫太郎は、恐ろしさに震えながら、松の木によじ登りました。松の木の下では、死骸たちが口々に「今宵のうちにこいつを取ってやろう」と大声を上げています。

ところが、雨が止んで空が晴れ、秋の月が輝き出てくると、どこからか夜叉《やしゃ》が走り出てきました。身体は青色、角が生え、口は大きく髪は乱れています。夜叉は両手で死骸を摑《つか》んで、首を引き抜き、手足を捥《も》ぎって、これを喰らいます。まるで瓜をかじ

松の木の下で休んでいると、死骸が起き出し
孫太郎へ向かってきます。（国立国会図書館蔵）

るように死骸を喰らっていきます。屍《しかばね》を喰らい飽きた夜叉は、孫太郎が登り隠れた松の根元で、いびきをかいて寝はじめました。

孫太郎は、この夜叉が目を覚ましたらきっと自分を取って喰うに違いない、寝入っている間に逃げようと思い、音を立てぬように木からおりて、一目散に走り逃げました。

しかし、夜叉は目を覚まし、追いかけてきます。

孫太郎は山裾《やますそ》にある古い寺へ逃げ込みます。軒も壇も崩れて住む僧もいない荒れ寺ですが、中には大きな古仏がありました。孫太郎は、「助けたまえ」と祈り、後ろへ回ると仏像の背中に穴がありました。孫太郎はこの穴に入って、仏像の腹の中に隠れました。

そこへ夜叉が駆け込んできました。夜叉はお堂の中を探すのですが、まさか仏像の腹の中に隠れているとは思いあたらず、しばらくするとあきらめて出ていきました。

「これで一安心」

孫太郎がほっとしているのも束の間、仏像が足拍子を踏み、腹を叩いて、

「夜叉はこれを得ようとして取り逃したが、我は求めずしてこれを得た。今夜のおや

つをもうけたぞ」

と歌うように言い、からからと笑って、お堂を出て歩き出しました。

ところが仏像は石につまずいてパタリと倒れ、手足が砕けてその場で動かなくなりました。穴から這《は》い出た孫太郎は仏像に向かって、

「俺を食おうなんてするから、その身に災いが起こったんだ。人を助ける仏の末路は結構なことで」

と、罵《ののし》りながら、お堂の東へと向かっていきました。すると向こうの野原に灯火が輝き、どうやら多くの人が座っているようです。孫太郎はこれは助かったと思い走ってゆきました。

野原へ着いてみると、首のない者、手のない者、足のない者、みな赤裸で輪になって並んでいます。驚いた孫太郎はそのまま走り抜けようとしますが、彼らは怒り出しました。

「我らの酒宴を邪魔するとは。座が白けてしまったではないか。捕まえて酒の肴《さかな》にしてやろう」

一同が立ち上がって追いかけてきます。孫太郎は山際に沿って走り逃げていくと、川に行き当たりました。化け物に追いつかれてはたまりません。迷うことなく川の中

恐ろしい思いをしても、孫太郎は仏像に向かってまだ悪態をつきます。（国立国会図書館蔵）

を進みます。流されながらもなんとか向こう岸にたどり着くと、化け物たちは川を渡ることができない様子で、あきらめて引き返していきました。

孫太郎は足にまかせて歩いてゆきます。耳にはいまだに化け物たちが大声で罵る声が響いています。身の毛がよだち、人心地もつけずに半里（約二キロ）ほど歩いたでしょうか。

月はすでに西に傾き、雲は暗く、草深き山間に行きかかりました。そのとき、孫太郎は石につまずき、ちょうど空いていた穴へと落ちてゆきました。この穴の深いこと、百丈《じょう》（約三百メートル）もあったでしょうか。ようやく落ちた底では生臭い風が吹いていて、まるで身を突き刺すような悪臭です。

明るい光に目が慣れてあたりを見まわせば、そこは鬼が集まり暮らすところ、つまり鬼の国にやってきてしまったようです。

髪が赤く両の角が火のような鬼、青い毛が生え翼のある鬼、口が鳥のくちばしで牙が食い違っている鬼、頭は獣で身体は紅色の鬼、藍色の青鬼、目は稲光のようで口からは火焔《かえん》を吐いている鬼……。

彼らは孫太郎の姿を見るなり、

人の姿を見つけたと思い近づいて見ると並んでいたのは赤裸の人々でした。（国立国会図書館蔵）

「こいつは邪魔者だ。それ、捕まえろ。取り逃がすな」

と叫んで、孫太郎を捕まえました。

孫太郎は鉄の首枷《くびかせ》をはめられ、銅の手鎖をされ、鬼の大王の前に引き出されました。

大王は怒り、語り出しました。

「お前は人間のくせに、みだりに舌を動かし、唇を翻して、鬼や神、幽霊など存在しないと言っては、我々を蔑《ないがし》ろにして、辱めてきた。まったくの馬鹿者だ。お前は、書典を読んだはずだ。『中庸』には、鬼神の徳それ盛んなるかなと書かれている。『論語』には、鬼神を敬してこれを遠ざけよと書かれている。『易』には、鬼を一車に載す（鬼を同乗させるほど恐しい）と書かれている。その他に、『左伝』には晋の景公の夢、鄭《てい》の大夫伯有《たいふはくゆう》の話、どうだ、これらの書典はみなどれも鬼神の話であろう。〝ただ怪力乱神を語らず〟と『論語』に書かれたこの一語だけを勝手に解釈して、みだりに鬼神を侮るとは何のためだ？」

大王は手下の鬼に命令し、孫太郎をさんざんに打ち据えました。それから、

「その者の丈《たけ》を高くせよ」

大王が命じると、鬼たちが集まってきて、孫太郎の首から手足までを引っ張ると、孫太郎はにわかに身の丈三丈（約十メートル）ほどになり、まるで竹竿のようです。そ

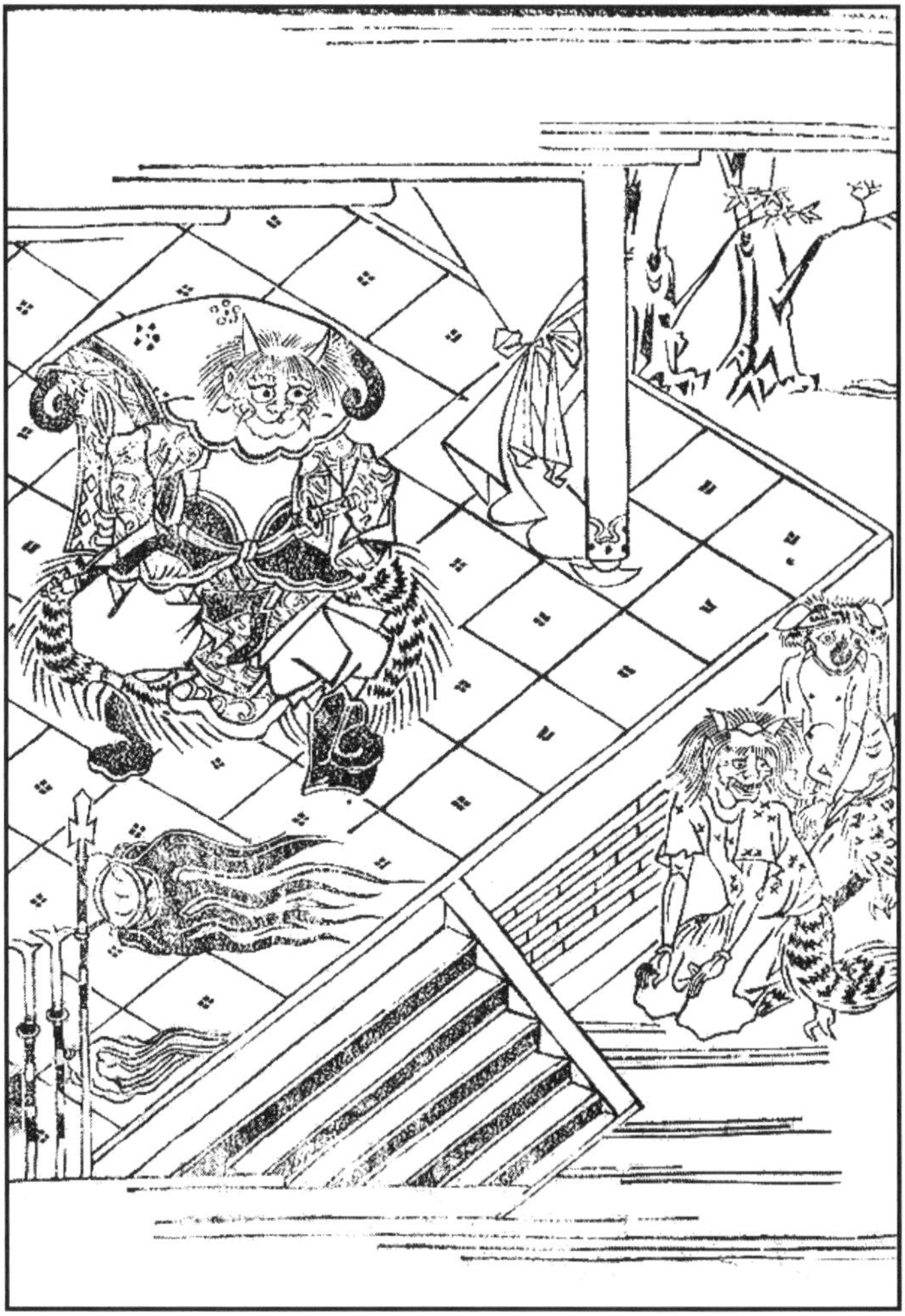

首枷をされて鬼の大王の前に引き出された孫太郎は
背丈を伸ばされヒョロヒョロです。（国立国会図書館蔵）

の様子を鬼たちは笑い囃《はや》し立て、孫太郎を押し立てて歩かせると、ゆらゆらと揺れて倒れました。次に大王は、

「その者の丈を短くせよ」

と命じます。鬼たちはまた集まると、団子をこねるように揑《つく》ねて平らにすると、孫太郎はたちまち横広がりに短くなりました。鬼たちがつき立てて歩かせると、むぐむぐとしてまるで蟹のようです。鬼たちは手を叩き腹を抱えて大笑いしています。すると、年老いた鬼が、

「お前はいつも鬼神などいないと言っていた。いま、このように自分の姿かたちをさまざまに嬲《なぶ》られ、弄《もてあそ》ばれて大いに辱めを受けた。不憫《ふびん》に思うので、こうしてやろう」

まるで手に提げるように孫太郎を持つと、ぽーんと投げました。

孫太郎はもとの姿に戻りました。

「では、これよりこいつを人間界に返そう」

大王が言うと、鬼たちはあることを思いつきます。

「こいつをただ人間界に返すのでは面白くない。餞別《せんべつ》をすべきだろう」

「じゃあ、俺は雲の道を分ける角を与えよう」

ある鬼が自分の頭に生えている二つの角をとって孫太郎の額に据えました。

「俺は、風に嘯《うそぶ》くくちばしを与えよう」

別の鬼が鉄のくちばしを孫太郎の唇に当てます。

さらに、別の鬼が、

「俺は朱色の乱れた髪を譲ってやろう」

といって、孫太郎の髪を紅藍の水で染めてやります。

「じゃあ、俺は碧《みどり》に光る眼を与えよう」

と最後の鬼が二つの青い珠《たま》を孫太郎の目の中に押し入れました。


気がつくと孫太郎は穴の外、草の上にいました。どうやら無事に鬼の国から戻って来られたようです。

熊川の我が家に帰ろうと歩きはじめ、今津河原から道に出たところで、孫太郎に異変が起こりました。額から雲間を分けるという二つの角が生えてきて、口は風に嘯くくちばしが尖り出てきました。乱れた髪が逆立って朱に染まり、まるで火のようです。目は碧に輝き出して、まさに恐ろしい鬼の姿へと変わってしまったのです。

熊川に着いて、家に入ると、妻も使用人も孫太郎の姿に恐れ戦《おのの》きます。

孫太郎は涙を流しながら、なぜこのような姿に変わってしまったのかを切々と語り

鬼に姿を変えた孫太郎を見て、妻は泣き、
子供は逃げまどいます。（国立国会図書館蔵）

聞かせます。

「こんな姿でも、中身は変わらず私なのです」

哀れ孫太郎は身を震わせ訴えます。しかし、妻は、

「とは言っても、この姿を目の前でじかに見ると、まったくもって情けなく、悲しいばかりです」

と、言うと、醜怪な異物となった孫太郎の頭に帷子《かたびら》を打ちかけて隠します。そして、ただただ嘆き悲しむばかりです。

幼い子どもは孫太郎の姿を恐れて逃げまどっています。

まわりの人々も集まってきて、孫太郎の変わり果てた姿を見ては怪しみ噂《うわさ》をします。

孫太郎は自分が見世物となってしまっているのを憂い、戸を閉じて誰にも会わず引きこもってしまいました。そして、食べ物を一切口にしなくなり、心は乱れ、病となり、ついには死んでしまいました。

孫太郎の死後、時々、屋敷の中を元の孫太郎の姿の幽霊がうろついているのが目撃されたのですが、仏事を営んだところ、その姿を見ることは二度となくなったそうです。


（「伽婢子——鬼谷に落ちて鬼となる」より）

部屋に響く死者の声

継母にいじめ抜かれて亡くなった子が復讐《ふくしゅう》を遂げる物語です。この怨霊《おんりょう》は姿を見せませんが、家を鳴動させたり、物理的原因なしに発火させたりと、いわゆるポルターガイスト現象を引き起こして、継母たちを震え上がらせます。

筑後《ちくご》の国（いまの福岡県の南部）の山下というところに、舛屋安兵衛という男がいました。先妻の子は五郎助という名で、後妻の子は四郎三郎という名前でした。

この後妻は、わが子ばかりを可愛がり、五郎助を憎み嫉《そね》み、いつも五郎助につらくあたっていました。

父の安兵衛といえば気弱な男で、これを幸いと継母は、誰にはばかることなく、自分の邪悪な心にまかせて、五郎助をいじめ抜きました。そして、何年もいじめ続け、十七歳となった五郎助は、ついに飢え死にさせられてしまいました。

後妻は五郎助がいなくなり、「いまこそすべてが自分の思いのまま」と大喜びです。五郎助が死んで二十日ばかりが過ぎた頃、突然家の中に声が響き渡りました。

「我は五郎助の怨霊だ。なんの罪もないのに殺されてしまった。この無念が晴れようか。我をいじめたのと同じように、お前と子供もいじめ殺してやろう。継母よ、思い知るがいい」

まさしく五郎助の声です。

みんな驚いて部屋を見まわすのですが、その姿は見えません。

それからというもの、五郎助の声がたびたび聞かれるようになりました。


凶事も続きます。

ある時は、家が大きく鳴動し、ひっくり返ってしまうかと思うほどに揺れ、また、ある時は、「一家焼き滅ぼさん」と五郎助の声がするや、ぽっと部屋の中に火が出てきます。このままでは、家は一塵《いちじん》となってしまいかねません。

さすがの継母も恐れて、巫女や僧、呪術使いなどを集めて、祈禱《きとう》をおこない、さまざまな供え物をするのですが、ただカラカラと五郎助のあざ笑う声だけが聞こえてきます。

そのうち夜昼を問わず、家の中に五郎助の呪詛《じゅそ》の言葉が響きます。

「我を殺して、自分の子を世に立てようと思っているだろうが、親子ともども殺してやろう」

ついに四郎三郎は、六歳で亡くなってしまいます。

母もすぐさまこの怨霊に取り殺されるかと思っていたところ、四郎三郎が亡くなって一カ月後、家の裏口で転び、血を吐いて死にました。

親子ともども取り殺されてしまうとは、恐ろしいですね、恐ろしいですね。

これは、正保《しょうほう》年中（一六四五～四八）の出来事です。

（「善悪報ばなし―死したる子来り、継母を殺す事」より）

善人にめぐる因果

「悪人に罰が当たる」という通常のパターンとは逆の因果話です。幽霊の出てくる怪談にしては、さわやかな読後感を与えてくれます。

伊勢《いせ》の港で、家城《いえしろ》村（いまの三重県津市白山町）という所に化け物が棲《す》むといわれる家があり、三十年ほど空き家となっていました。その昔、この家の主は夫婦ともども急病で亡くなり、子供もなかったため、断絶した家でした。

この家に出る化け物というのは、光るものだったり、火が燃えていたり、男女が「お前のせいだ」「いいえ、この苦しみはそちらのせいです」と言い争う声が聞こえたり、ということでした。

ある時、京都から、歳は二十ぐらいでしょうか、小間物商人がこの伊勢の田舎にやってきました。地元の人がこの化け物屋敷の話をしたところ、商人は「わたくしが、今宵その化け物とやらを見てまいりましょう」と言います。地元の人は、「やめておきなさい。立派なお侍でさえ、一晩ともたずにみな逃げ帰ってきたのですよ」と止めました。

この商人は親思いで、十一歳から両親を養うために、さまざまな場所へ売り歩きをはじめ、稼ぎに出たのですが、なかなか思うようにはなりません。やはり貧しいままでしたが、世故に長けた人物でした。

「とにかくこの化け物を見てきましょう。世の中には『人の心の外には化け物など居ない』という言葉もありますしね」と言って、その夜、例の家に向かいました。

案の定、子《ね》の刻（午前零時）に井戸の中から鞠《まり》ぐらいの大きさの火が二つ出てきました。その輝きといったら、目も開けてはいられぬくらいの眩《まぶ》しさです。

その光の後ろから、白髪の老夫婦が出てきて、商人に語りはじめます。

「私はこの家の主ですが、ある時、夫婦ともども流行病で急死してしまいました。生前、この家の井戸に多くの金銀を入れて隠しておりました。しかし、この金が気になって、執心のあまり成仏できずに、いまだこの世とあの世の境をさまようこと三十年以上です。この家に住む人がいれば、この事を語り聞かせて、弔ってもらおうと思っていたのですが、誰も恐れて寄りつく人もいませんでした。あなた様は、心剛《ごう》にして、その上に親孝行な人物ですから、この金を差し上げましょう。この金であなたの好きなようにご両親を慈しみ、また、我々の弔いもして下さい。

来る八月五日が永遠成仏の三十三年目にあたります」

と言うと、老夫婦の姿はかき消すように失せていきました。

商人は喜び、さっそく井戸を覗《のぞ》いてみると、中には金銀がどっさりと入っていました。

井戸から金銀を残らず引きあげた彼は、まず、その屋敷を寺に建て替え、僧を据えて、老夫婦の霊をねんごろに弔いました。それからというもの、その屋敷から光の玉が出ることもなくなりました。

その後、商人はこの金をもって両親の住む故郷へと帰り、親に思う存分孝徳を尽くしたといいます。

（「諸国百物語―伊勢津にて金の執心ひかり物となりし事」より）

第三章

「妖怪変化」のコワーイ話

妖怪、化け物、幽霊たちの怪しの世界は
人間の心が生み出した幻か、それとも……

妖怪、天井下《てんじょうくだ》り

この話の原題は「甲州の辻堂に化け物のある事」です。この化け物は、天井という「異界」からやってくる妖怪「天井下り」のようです。話はお坊さんの昔語りとして展開してゆきます。

私は、伊賀《いが》の国（いまの三重県北西部）甲賀《こうが》の生まれです。現在はこのように僧の姿をしていますが、若い頃は、甲斐《かい》の武田家に仕える武家の奉公人をしておりました。しかし、武田家の家運は、度重なる戦《いくさ》でだんだんと傾いてきておりました。

ある日、主人が私を密かに呼びよせ、

「また戦が起こったならば、我は討ち死にするであろう。そうなったら我が妻には頼るべき者がいないのだ。妻は京の都育ち。家中に奉公人が多いとは言っても、みな東国者で、京には不案内だ。そこで、上方の出身であるお前に頼みがある。妻を明日、こっそり連れ出して京に上ってほしい。ただ、妻のお腹には子があるので、無事に出産させ、後々まできちんと見届けてほしい。軍陣の供ではないが、何事も奉公と思って、この役目、忠をもってしかと勤めてもらえないか」

と語り聞かせるのです。こんな主人の願いを私は無下に断るわけにもまいりませんでした。

主人は武田家はもはやこれまでと感じていたようです。

翌日、家中の者どもすべて、女中や下人にも隠して、奥方を連れて屋敷を忍び出ました。

さすがにもう二度と会えないであろう今生の別れ、ことに互いに思い合う主人夫婦の姿は、はた目から見てもとても哀れでした。

主人は路銀などを手渡し、腰にさした刀を抜いて、

「これは我が家に代々伝わる宝ではあるが、道中の用心に持っていきなさい。お腹の子が無事に生まれて成人したら、この刀を父の形見として渡すように。もし、万が一にも生きて帰れたなら、我も後から京に上ろうぞ」

などと慰めるのですが、涙を堪《こら》えることができません。

主人が気丈に屋敷へと立ち戻ったので、私は奥方の手を引いて泣く泣く出発しました。

慣れぬ悲しい旅路は、心ばかり焦ってなかなかはかどりません。

奥方は身重ですから、ちょっと歩いただけでも辛そうです。たまたま行き会った荷駄《にだ》（荷物を運ぶ馬）に、相乗りさせてもらいましたが、落馬なぞしたらと思うと、危なっかしくハラハラしました。

道も厳しいものでした。

当時は戦に明け暮れる乱世ですから、ここは関所、あそこは陣取りともなれば、あっちに遠回りし、こっちに隠れとしているうちに、日が過ぎていきました。

本来ならば、都に着いた頃に出産の予定が、旅の途中で臨月を迎えてしまいました。


さて、そんなある日。

街道は陣取りがあるので通れないと聞き、脇道を行くことにしました。脇道は寂しいでこぼこ道です。借りる馬ももちろんありません。

くたびれ果てた奥方を宥《なだ》めすかしていくうちに、巳《み》の刻（午前十時頃）に彼女のお腹が痛み出しました。陣痛がはじまったのです。

山道を休み休み行くうちに、申《さる》の刻（午後三時頃）にやっと大きなお堂にたどり着きました。

お堂のそばに五十歳くらいの男が、行き交う人のために担い茶屋を開いていました。私はまず茶屋へ立ち寄り、湯をもらって、奥方に薬などを飲ませていましたが、いよいよ彼女の陣痛は激しくなり、私は途方に暮れてしまいました。

茶屋の男に事情を語ると、

「なんとまあ、いたわしいことでしょう。ここから里まで三里（約十二キロ）はかかります。このお堂には化け物が出ると言われていて、夜になるとこのあたりは人っ子ひとり通りません。私の住まいは、二十町（約二・二キロ）離れた、この山の向こうにあります。ここへは朝は五つ過ぎ（午前七時過ぎ）に来て、夕方七つ前（午後四時前）には帰るようにしています。日の出ている間だけいるのです。それぐらい危ない場所ですから、うちに来た方がいいでしょう」

と親切に申し出てくれました。

しかし、奥方は、

「もう、一歩も歩けませせぬ」

と申します。

そこで茶屋の男は、

「では、ここで夜明かしなさいませ。焚《た》き木はあそこにございます。お好きに使って下さい。しかし、とにかくご用心下さいね。本当は私もとどまるべきですが、家の者が心配するので戻ります」

と言うと、茶釜、敷物、茶碗、手桶などを残して、家へ帰っていきました。


日暮れ時になり、いよいよ奥方の陣痛が激しくなってきましたが、他に誰もいないので私が赤ん坊を取り上げました。ありがたいことに安産でした。赤ん坊を衣に包み、母の懐に抱かせてやりました。赤ん坊はかわいい女の子です。

私は、前から用意していた白米を荷物から取り出して粥《かゆ》を焚き、茶碗に盛ってこれを奥方に食べさせてやりました。私も残りの粥を食べ、無事赤ん坊が生まれたことにほっとし、茶釜の焚き火にあたっておりました。

夜半過ぎに、十六歳くらいの女がどこからともなく現れました。不審に思いつつ尋ねました。

「いったいどなたでしょう？」

「私は昼間にここにいた茶屋の娘です。父から話を聞いて、あまりのいたわしさに、いてもたってもいられずに、この夜道をやってまいりました」

こんな夜中に若い女がひとりでやってくるとは思えず、はじめのうちは疑っていたのですが、その娘が水を汲んだり薪《まき》をくべたりと、かいがいしく働く様子に、私の疑心も緩みました。

しばらくするとその娘が優しく言うのです。

「赤ん坊をこちらへお渡し下さい。奥様はお産で疲れておいででしょう。明日の朝まで私が抱いて、面倒をみますから。あなた様もお疲れでしょう、どうぞお休み下さいませ」

奥方を見やると疲れて弱っています。そこで、懐から赤ん坊を取り出して娘へと預けました。

「なんとまあ、よいお子でしょう。玉のようです」

娘は、赤ん坊を受け取ると、大事そうに抱きかかえてあやします。

私は突然やってきた娘に心を許したつもりはなかったのですが、旅の疲れでしょうか、それとも赤ん坊を取り上げるなどという慣れないことをしたせいでしょうか、壁に寄りかかって、ウトウトしてしまったようです。

「きゃー。あの女がわが子を喰ろうておる」

主人の妻の叫び声です。

刀を抜いて立ち上がると、娘は奥方を脇に抱えて、お堂の外へと逃げていきました。とてもこの世の者とは思えない力です。娘は虚空を飛び逃げてゆきます。追いかけようにも、羽のない私には成すすべはありません。

奥方の叫び声が、遠くかすかに聞こえました。

お堂に戻ると、不思議なことに天井あたりから、

「悲しい。悲しい……」

奥方の声が聞こえてきました。しかし、しばらくしてその声は止んでしまいました。

じっと耳を澄ましていると、天井から何かものを食べる音が聞こえてきます。四、五人が寄り集まっている気配です。

気味の悪い上擦った嗄《しわが》れ声が言いました。

若い女は赤ん坊を口に入れ、主人の妻を
脇に抱えて逃げ去ってゆきました。（国立国会図書館蔵）

「もう一人の男は連れて来ないのか？」

すると例の娘の声が答えました。

「あいつは名刀を持っているから連れてくるのは難しい」

なんと不気味なことでしょう。

天井へ上ってみようと思ったのですが、どこから上っていいものかわかりません。主人から頼まれたことが果たせず、また旅路の苦労を思うと悔しくて情けなくて、ここで腹を切ってしまおうかと思って刀を二度、三度と抜いたのですが、そのたびに、夜が明けたら天井に上がって化け物のひとつでもいいから捕まえて、仇を打ってやろうと思い直しました。

形見となる服などを拾い集めているうちに、夜が明けてきました。


そこへ、昨夕別れた茶屋の男がやってきました。最初、

（こいつも化け物の仲間ではないだろうか？）

と怪しんだのですが、私の思い過ごしだったようです。

あれだけ気を付けるように注意されながら起きてしまったことに面目ない思いで、茶屋の男に昨晩の恐ろしい出来事を語りました。

「ああ、そうでしたか。それは、それは……。心配で朝餉《あさげ》を早く済ませてまいったのですが、お役に立てず、情けないです……」

男は悔やみ悲しみ、ともに涙を流してくれました。

お堂の中をあちこちと探ると、隅のほうから天井へと上がれることがわかりました。

茶屋の男に励まされて、恐る恐る天井へと上ってみると……。

化け物は影も形もありません。

そのかわりに、天井には大量の白骨が積まれていました。

散り乱れてはいましたが、その白骨の中から奥方とその子と思える新しい骨を探し、頭、手足などを拾いました。肉という肉は残らず食われていました。

昨日までは息災であった人も、一夜明ければこのようになってしまうのか。同じ道をやってきたのに、何の因果か、私だけが残り、なぜこのような凄惨な光景を見なければならないのでしょうか。

天井を降りて、集めた骨を一包みにしました。

それから、茶屋の男の里へ行き、僧を頼んで形ばかりの弔いをしました。集めた服をお布施の代わりとして渡し、茶屋の男に礼を言って、私は主人の亡き妻と子の遺骨を首にかけて里をあとにしました。

さて、主人のいる東へ下ろうか、それともこのまま京へ上ろうかと思案に暮れていると、

「武田家の運がついに尽き、家来たちもみな討ち死にした」

という話を耳にしました。主人も果ててしまったと知るとなんとも辛く悲しく、また涙にくれておりました。

そこで京へ上り、亡くなった奥方の縁者を捜しました。しかし、見つけることができませんでした。私はここまでと思い定めて、白骨を京・黒谷《くろだに》の墓地に入れ、主人の形見の刀を布施としました。

自分もここで剃髪《ていはつ》して、今もただ二人を弔っております。

このような出来事は、わが身の恥として今まで口にしてはきませんでした。昔は武士の身であったが、このような縁で仏門に入ったのです。

私の懺悔《ざんげ》物語でした。

（「宿直草――甲州の辻堂に化け物のある事」より）

伊《い》良《ら》湖《こ》の黒入道

日本神話に、弟橘媛《おとたちばなひめ》が荒れた海を鎮めるために自ら飛び込み日本武尊《やまとたけるのみこと》を助けるという物語があります。この一篇も女性が飛び込み、海が静まるという話ですが、ラストは江戸人らしいユーモアのある話になっています。

明応《めいおう》（一四九二〜一五〇一）の頃のお話です。

猿楽太鼓の名手・善珍と笛の名手・彦四郎は駿河《するが》（いまの静岡県東部）に下っていく途中で、伊良湖の渡し船に乗り、伊勢《いせ》の大湊《おおみなと》から、渥美半島先端の伊良湖岬へと向かうことになりました。この日は快晴で、客もたくさん大湊に集まってきました。

善珍の中間《ちゅうげん》（使用人）の妻は、駿河の出身で、長年離れて暮らす親の見舞いにちょうどよい機会なのでと、同行していました。さて、乗船となり、善珍と彦四郎の二人が乗り込みました。

しかし、船頭が後から乗ろうとした中間に、

「女を船に乗せるわけにはいかない。降りてくれ」

と、言うのです。夫の中間は大声を上げ、

「この女は、わしの連れじゃ」

そのまま乗り込んできます。

「誰であろうとも船の決まりです。どこの浦の船も、男の中に女をひとりだけ乗せてはいけないという決まりなのですよ。とくに、この渡しは危ないと昔から言われています。本当に危ないことがあったと聞いているので、私は言ってるんです。別の船に女を連れていくか、あとの船に一緒に乗るかにして下さい」

船頭が言って聞かせますが、夫は納得できません。荒々しい声で船頭に怒鳴ります。

「別の船になど乗るものか。心配などない。何が何でもこの船に乗っていくぞ」

「ここまで説明しても乗ると言い張るのだから、しょうがない。もし、何か起きても船頭の軽はずみではないですからね……」

船頭は、しぶしぶ中間夫婦を乗せて、船を漕ぎ出しました。


大湊から伊良湖岬までの航路は七里（約二十八キロ）ほどです。三里ばかりいったところで、突如、空に黒雲が現れます。

「ややっ、これは不審だ。怪しい雲だ」

と船頭が声を上げると、船子や舵取も不安げに空を仰ぎます。黒雲は、あっという間に空一面に広がり、辺りは暗くなって、まるで夕方のようです。風が強くなり、波が騒ぎ立ち、みるみるうちに大波となって、船を襲います。

あっという間の天候の変化に、船頭は驚きながら、

「みんな、荷物を捨てて下さい」

と、叫ぶと、自らそばに置いてあった荷物を二つ、三つと投げ入れます。客たちはこれを見て、行李《こうり》や櫃《ひつ》、大切なものが入った荷物を海に投げ入れました。しかし一向に波がおさまる気配はありません。

「もし、だれか舎利《しゃり》（遺骨）を持っていたら、急いで海に投げ入れて下さい。竜神が欲しがる物です。その他に、まだ秘蔵の物、太刀や刀などがあれば、みな海に投げ入れて下さい」

船頭の言葉に、客たちは、さらに身に着けていた太刀などを投げ入れます。善珍は、太鼓の箱を自分の脇へ置いていましたが、それを見つけた船頭から問われます。

「これは何です？」

「太鼓です」

「これこそ、竜神が欲しがっている物かもしれない。急いで投げ入れなさい」

客たちも口々に「投げ入れよ」「投げ入れよ」と言うので、善珍は、箱の紐《ひも》を解き、太鼓を取り出しました。彩色絵をほどこした光輝くような美しい見事な太鼓です。海へ投げ入れると、波に打たれた太鼓の音がちょっとだけ響いてきました。善珍は涙を流し、じっと太鼓が波にのまれていくのを見つめています。

善珍は、箱から残った撥《ばち》を取り出して腰にさしました。

するとまた船頭が言います。

「何で、その撥を残すんです」

「これは高価なものではありませんで。ただ、私の手になじんだものなので手離せないのだ」

「それこそが秘蔵のもの。投げ入れて下さい」

善珍は泣く泣く撥を海に投げ入れました。

「ああ、太鼓も撥も失くしてしまい、生きて帰ったとしても、私はもはや演ずることができなくなってしまった……」

善珍が嘆き悲しみます。

一方、彦四郎は、笛を懐にさしてそ知らぬ顔をしていました。

「なんでおまえは笛を投げ入れないんだ」

他の客から非難されると、彦四郎は、

「これはたいしたものじゃない。ものの数にも入らないようなものだから」

さらに懐の奥へと隠そうとします。

「あなたは、笛の名人でしょう。その名人が惜しむ笛なら、竜神が欲しがるはずだ」

同船のみなから詰め寄られた彦四郎は、もはやこれまでと、懐から抜き出して海に投げ入れました。


波はなおも高く、船底にどんどん水がたまってきます。船に乗っているみなで、手で搔《か》きだします。しかし、船はくるくると回ってしまい、漕いでも、漕いでもまったく進みません。ひっくり返っては危ないと、ついに船頭は櫓《ろ》をおさめて、掛け替えの櫓三丁も取り出して左右の脇舵にかけて、船子たちを船べりに並べます。

同船の僧たちは経を読み、他の者は一心に念仏を唱えます。


「大事な荷物をすべて打ち捨て、尊い経や念仏をこんなに唱えても、まったく波がおさまらない。なおも荒々しい波が立つのは、きっと女をひとりだけ乗せたからだろう」

　と船頭が言い出しました。

「そうだ、きっとそうに違いない」

　客たちも口を揃え、船頭の言葉に頷《うなず》きます。

「女ひとりのために、他の三十五、六人がみんな死んでしまうとは不運としか言いようがない」

　などと客たちが言うのを、女は心苦しく思い、

「わたしのせいで、みんなが犠牲になるなんて……。私が海に飛び込んでみんなを助けましょう」

　と、殊勝にも述べるのです。

　夫である中間はすかさず妻を叱ります。

「何を虚《うつ》けたことを申すのじゃ。お前のせいであるものか。お前が飛び込んだとて、この波がおさまるはずがない」

　しかし、客たちは夫を罵《ののし》ります。

「中間の分際で出しゃばっていったい何なんだ。お前は主人のある身だろう。まずは、主人の言葉を聞いてみろ」

そこで善珍は中間に言い聞かせます。

「こうなったからには、まわりの人々の話し合いにまかせなさい」

その時、船より三、四間（約五・五〜七・二メートル）先に黒い入道の顔が浮かんできました。

入道の頭は、波の間に見え隠れしています。その大きさは、人の頭を五つ、六つ合わせたぐらいで、茶碗の口ほどの大きさの両の眼《まなこ》はぎらぎらと光っています。顎《あご》は馬のように長くて、口は横に二尺（約六十センチ）ほど裂けています。

船頭はこれを見るや、

「これは一大事！　みな静かに。話をしてはなりません。経、念仏もささやき声で……。ああ、まさか、伝説の入道が出てきてしまうとは」

大入道の出現に、船中みんなが恐怖に青ざめています。

すると、

「いまこそ、飛び込みましょう」

女はきっぱりと言うと、髪を結い直し、襷《たすき》をかけ、帯をしめ直し、腰巻を強く巻き直します。夫は引きとめようと手を伸ばすのですが、まわりのみんなが夫の手を取りすくめます。

荒れ狂う波間から現れたのは、口が耳まで
裂けた恐ろしい黒入道。（国立国会図書館蔵）

女は念仏を唱えると舟端へ飛び上がり、念仏の声とともに海へと飛び入りました。

みんな「あっ」と声を上げます。

黒入道は、すぐさま女を口にくわえると、船上の人々に見せつけるかのように顎をしゃくって女を差し上げ、そして海へと沈んでいきました。

「ああ、悔しい！」

夫は妻の後を追って飛び込もうとしますが、みんなが押しとどめます。


しばらくすると、波はぴたりとおさまりました。あたりはまるで何もなかったかのような静けさです。

みな疲れ果てていましたが、船を漕いで、やっとの思いで岸にたどり着きました。

「ところで、さっきの黒い入道は、いったい何者だ？」

「入道鰐《わに》といって、このあたりの海に出没して、たびたび人を獲ると言われています。今日の出来事は、その噂《うわさ》の通りでした。人を獲るといっても、女がひとりだけ乗っている船だけに怪異が起こると言われてましてね」

恐ろしい入道の姿を思い出したのか、船頭はぶるりと身震いしました。

「それにしても、さっきの女はなんと健気《けなげ》であろうか。黒入道を見ても、怖じ恐れず、海に飛び入って、みんなを助けようという素晴らしい心ざし。しかし、女の心中をおもんばかると、いたわしや。僧たちにはぜひねんごろな弔いを頼みます」

僧たちは「然《しか》り」と頷きます。

しかし、船から上がると、みんな荷物がなくて途方に暮れ、困ってしまいます。

「はじめは竜神の障りかと思って、大事な荷物を投げ入れたけれども、少しも波風がおさまらなかった。女ひとりが飛び込んで、波風が静まったのだから、やはりこれは女を乗せたがために間違いない。船頭の言うことを聞かず、無理矢理に乗り込んできた中間のせいだ。みんなの損失は莫大だぞ。腹を切って責任をとってもらおう」

客たちが騒ぎはじめます。善珍も、

「長く召し使っている代々の中間といえども、私も彦四郎も大切なものを失ってしまい、とても悔しい思いをしています。みなさまのご心中お察しします。死んでお詫びをしなさい」

と中間に命じますが、僧たちが、

「中間が死んでも、海に沈んでしまったものはもはや戻ってはきません。夫婦の情で妻を置いては行けずに船に乗せたのも、人間の理《ことわり》ですよ。みなさん、船に乗り合わせたのが時の運、不運。どうぞ堪忍してやって下さい。善珍どのも堪忍されよ」

繰り返し述べるので、みんなは中間を許してやることにしました。

中間は死を免れました。


彦四郎は、この騒ぎから離れて成り行きを見守っていましたが、ことがおさまったと知ると、岩の上に上って笛を吹きはじめました。

善珍はこれを見てびっくり。

「どうして笛が？」

「我が秘蔵の笛よ。どうして捨てることなどできようか。笛だけを懐に留めおいて、鞘《さや》だけ海に入れたのよ」

彦四郎は笑って答えます。善珍は頭から湯気を立てんばかりに怒り、

「太鼓は惜しくはなかった。秘蔵の撥を俺は失ってしまったのに」

と、言うのでした。


（「奇異雑談集─伊良湖のわたりにて、独り女房、船にのりて鰐にとられし事」より）

万物に宿る魂

化け物がわけのわからない単語を話しますが、それを聞いた僧が言葉の謎を解いて、難を逃れます。言葉遊びの要素が入った珍しい怪談です。

伊予《いよ》の国の出石《いずし》（いまの愛媛県大洲市内）に山寺がありました。人が暮らす里からは三里（約十二キロ）ほど離れた場所に建っていました。この寺はこの地の古い豪族・新居《にい》氏が創建し、自家の私寺としていました。

しかし、いつの頃からか、寺の住持となった僧が必ず行方知れずになってしまうのです。何度も住持の僧を迎えたのですが、どの僧もほどなく行方がわからなくなってしまいます。そこで、この寺には化け物が棲《す》みついていて、僧を取り殺してしまうのだろうと言われるようになりました。

そのため、今は主のない寺となり、壁は崩れ、扉は落ち、境内には霧が煙のように立ち込めています。

足利《あしかが》学校で学んだという僧が新居の家を訪ねてきました。この僧は、例の山寺の住持になりたいとやってきたのです。新居はこの寺の怪をしかじかと語りました。

「というわけで、なかなか我慢は難しいことでしょう。まあ、幸い寺は無住ですから、住むことはできるのですが……」

「拙僧が望んでいるのですから。ぜひともその寺へ遣わして下さい」

寺の仔細を聞いても僧はまだ頼んできます。新居は、

(この関東からやってきた僧をみすみす化け物が棲む寺へ送るのはいかがなものか)

と思い、渋るのですが、結局僧の熱意に押されて僧に寺へ向かうことを許しました。

寺に到着し、見てみれば、久しく人が住んでいない寺なので、荒れ放題に荒れ果てていて、これならば化け物も出ようというものです。

日が暮れて夜になり、しばらくすると門から、

「申し上げます」

と声が聞こえてきました。

さては新居のもとから使いがきたのかと思っていると、部屋の中のどこからか、

「どれ？」

という返事が聞こえてきました。

「ゑんえい坊は中にいらっしゃるのか。こんかのこねん、けんやのはとう、そんけいが三足、こんざんのきうぼくにて候。お見舞い申すため参りました」

すると、部屋の中の声の主が、化け物らを出迎えてさまざまに挨拶を交わした後に、

「ご存知のように、久しく生魚など食べておりませんねえ。ところが、不思議なものが一人やってまいりましたぞ。おもてなしには不足ないかと思いますが」

と、言います。

すると別の化け物が、

「いやあ。お客人とはまことに珍しいことですな。何よりのおもてなしですぞ。夜中酒盛りをして、喰ってしまいましょう」

面白がって答えます。

僧は、もとから覚悟していたこととはいえ、化け物たちの餌食《えじき》になるのは悔しいことだと思い、この化け物の正体はいったい何であろうかと考えをめぐらせます。

「さきほど化け物たちの名前を確かに聞いたが、まず、ゑんえい坊とは『円揺』で瓢《ひょう》簞《たん》の異名だから丸瓢簞だろう。

こんかのこねんは、『坤家の小鯰』だから未申《ひつじさる》（南西）の川の鯰《なまず》、けんやのはとうは『乾谷の馬頭』だから、戌亥《いぬい》（北西）の馬の頭、そんけいが三足とは、『巽渓の三足』だから辰巳《たつみ》（南東）の三つ足の蛙《かえる》、こんざんのきうぼくとは、『艮山の朽木』だから、丑寅《うしとら》（北東）の古い朽木《くちき》ということだ。

奴らは、年数を経て霊力を得て化け物になったのだろう」

僧はつねに筋金を入れた錫杖《しゃくじょう》をついていました。この杖で、一打ちの大勝負に出ようと決心します。

大声を上げて、

「それぞれの変化のもとがいったい何なのか正体がわかったぞ。前にいた住持たちは、お前たちの根源を知らずに喰われたが、私は違うぞ。手並みを見るがいい」

と、錫杖を握り直すと、ここで打ち倒し、彼処《かしこ》では追い詰めて、丸瓢簞をはじめみな一打ちずつに打ち割り、四つの化け物をさんざんに打ち砕きました。すると、眷属《けんぞく》の化け物たちがぞろぞろと姿を現しました。それは、徳利、すり鉢の割れたもの、欠けた鉢、擂《す》り粉木《こぎ》、足駄、木履《きぐつ》、莫蓙《ござ》の切れ端、味噌漉《みそこ》し、竹ざる、竹器などが、数百年を経て、その姿を変えて、かたまりとなっていました。僧はこれらも打ち砕き、捨てました。

僧が化け物を叩き割ると、出てきたのは何という
こともない身近なものばかり。（国立国会図書館蔵）

夜が明けて、新居のもとより使いがやってきました。恐る恐る堂内を覗《のぞ》くと、驚いたことに、僧は無事でした。

知らせを受けた新居は自身で寺へ行き、僧から昨晩のことを詳しく聞きました。新居は足利の僧をまことに知恵者と感心し、廃寺の中興の開祖として寺に迎えました。

この寺は今でも仏法繁盛の霊地となっています。

（「曾呂利物語―万の物、年を経ては必ず化くる事」より）

妖怪の親子

敵が分身の術を使ってどんどん増えていくというのは、戦隊ヒーローものなどによくあるシーンですが、この話で分身の術を使う敵はなんと子供です。妖怪辞典には、新潟県に同じように身体が増える子供の妖怪「切一兵衛」というのが載っています。


信濃《しなの》の国（いまの長野県）に、とある武士がいました。

彼は剛《ごう》の者として知られていました。

ある時、武士は家来たちを集めて次のようなことを言い出します。

「浅間《あさま》の社《やしろ》に化け物が出ると聞く。このように近い場所に居ながら、その化け物をいまだ見ていないとは、なんともったいない。今夜、浅間へ行って、化け物の正体を見てやろうと思っている。もし、私のあとをついて来ようと思っても、決っしてついてはくるな。来たら腹を切らせるからな」

武士は、二尺七寸（約八十センチ）の名刀・正宗に一尺九寸（約六十センチ）の吉光を脇差《わきざし》に添えて腰にさし、九寸五分（約三十センチ）の短刀を懐に忍ばせ、鉄の棒を杖ついて、八月中旬の月夜の晩に、浅間の社に向かいました。

浅間の社に着くと、彼は拝殿の前に腰をかけ、化け物を一刀のもとにしてやろうと、待ち構えていました。

やがて麓《ふもと》の方から、歳は十七、八ぐらいの美しい女がやってきます。白帷子《しろかたびら》を着て、三歳ぐらいの子供を抱きかかえています。

「ああ、うれしいです。今宵は、この社にこもって夜どおし祈るつもりでした。よき話し相手がいてくれて、うれしいです。ああ、でもここに来るまでにあまりにくたびれてしまいました。さあ、お前はあの殿に抱っこしてもらいなさい」

女が抱えていた子供を下ろすと、その子供は武士の方へ向かってするすると拝殿を這《は》い登ってきます。彼は持ってきた鉄の棒で這いかかってくる子供を打ち払います。打たれると、子供は母のもとへ戻るのですが、母は「抱っこしてもらえ〜、抱っこしてもらえ〜」と子供をまた武士のもとへ行かせます。

こんなやり取りが、五、六回も続き、鉄の棒は打ち曲がってしまいました。

そこで、武士は腰の刀をするりと抜いて、この子を真っ二つに斬り倒します。ところが……。

半分に切られた身体に、目と鼻がついて、あっという間に同じ二人の子になって、また侍に這いかかってきます。

今度は二人ともに斬り倒すと、斬られた手や足、胴体に目鼻がついて、またまったく同じ子供の姿と変じます。

斬れば斬るほどに、子供の数は増えて、ついには二、三百人の子供たちが境内に満ち満ちて、一気に侍に這いかかってきます。

その時、母の声が聞こえてきました。

「それ、いまこそ私も参ろうか」

この女がそばに来たならば斬り殺してやろうと思ったその時、武士は背後に何やら身震いするような寒気を覚えました。

後ろからドンッと大岩が落ちてきたかのような轟音《ごうおん》がして、振り返ると、女が十丈

しつこく這いかかってくる子供を真っ二つに
斬りつけると……。
（東京国立博物館蔵　Image:TNM Image Archives）

（約三十メートル）の大鬼に姿を変えて飛びかかってきます。

懐に忍ばせていた短刀で、続けざまに三回、突き刺し、引き寄せてとどめを刺したと思ったところで、武士は急に意識が遠のいていきました。

心配した家来たちが、言いつけを破って駆けつけてみると、主人は脇差を逆手に持って、石の九輪塔を突き通していました。

化け物は消え失せました。

武士の何としても一突きと念じる精神力が、石をも貫いたのでした。


（「諸国百物語――浅間の社の化け物の事」より）

酒飲みの化け物退治

普段は酒飲みのダメ男が、いざという時、自らの機転で窮地を切り抜け活躍し、みんなを救うという一種ヒーロー的な怪談話です。


三十三間堂には化け物が出るといわれ、七つ下がれば（夕方の四時過ぎ）近づく人はいませんでした。

この事は帝の耳にも入り、これを憂いた帝は、

「この化け物を退治した者には、望みどおりの褒美を与えよう」

と町辻に札を立てさせました。

すると、ある酒飲みの浪人が、内裏《だいり》へとやってきて、

「わたくしめが退治してご覧にいれましょう」

と化け物退治を請け合いました。

この浪人はまず瓢簞《ひょうたん》に酒を入れると、それを提げて三十三間堂へ向かいました。

そして、お堂の隅に座って化け物が来るのをじっと待ちます。

案の定、夜半過ぎに一丈（約三メートル）ほどの大坊主が姿を現しました。

眼は日月のごとく光り、熊手のような手を差し出して、浪人をひと摑《つか》みにしようとしたところ……。

浪人は頭を地にこすり付けて平伏し、口上を述べます。

「日頃聞きおよんでいる化け物様でございましょうか？　まずは初対面のご挨拶を申し上げます」

化け物は、この挨拶を聞くと、「わっはっは」と地鳴りのような笑い声をあげて、浪人に声をかけます。

「これは変わったことを言うお人じゃ。ひと口で食ってしまおうと思ったが、しばらく間をやろう。さて、何ゆえにここへやってきたのだ？」

「ここへは何となく参ったのですが……。ところで、化け物様はいろいろにお化けになられると聞きおよんでおりまする。ちょっとだけ、美しい女官に化けてみてはいただけませんでしょうか？」

「お前は洒落《しゃれ》たことを言うのう。望み通り化けて見せてから、その後でひと口に飲みこんでやろう」

と言うや、化け物はたいへんに艶《あで》やかな女官に姿を変えてみせました。すかさず浪人は、

「これは、これは何と面白いことでしょう。いま一度、稚児《ちご》に化けてみせてはもらえませんでしょうか」

と頼みます。化け物はその言葉どおりにぱっと美しい稚児の姿に変わります。

「ああ、なんて自由な御身でしょうか。いっそのこと鬼の姿になられては？」

浪人の言葉で、化け物は身の丈一丈ばかりの鬼になり、角を振り立ててみせます。

「化け物様はなんと芸達者なのでしょう。望みどおり、申すとおり、何にでも姿を変えることができるのですね。ですが、梅干しのように小さなものになることはできるのでしょうか？」

化け物はこの浪人の言葉を聞いて念を押します。

「梅干しに化けたなら、あきらめて喰われるか？」

「もちろんでございます」

「さらば化けてやろう。とくと見るがいい」

大坊主の化け物が浪人をひと摑みにしようとしたその時……。
（東京国立博物館蔵　Image:TMN Image Archives）

化け物は小さな梅干しになって、コロリ、コロリと転がりながら歩みます。

「さてもご立派にお化けになられますなぁ。手の上にお上がり下さいませ」

と、浪人は手を差し出し、梅干しが手の上に転がり上がるや否や、パクリと口に入れて、がりがりと噛み割り、瓢簞に入っている酒を七、八杯ひっかけました。

浪人は、宵の間に三十三間堂からそのまま内裏へ上がり、

「化け物を退治いたしました」

と上奏しました。

帝は化け物退治の話にことのほか上機嫌で、過分なほど褒美を取らせました。

これもひとえに酒の霊力でしょうか。

（「諸国百物語―酒の威徳にて、化け物を平らげたる事」）

耳切れ団都《だんいち》

小泉八雲《こいずみやくも》（ラフカディオ・ハーン）が取り上げて有名になった「耳なし芳一《ほういち》」の物語は、昔からいくつか似たような話が存在します。これもその一つ。「耳なし」が「耳切れ」に、「芳一」は「団都」となっています。八雲の「耳なし芳一」との違いを比べてみるのも一興でしょう。

これは我が家に出入りしている盲目の琵琶《びわ》法師の座頭から聞いた不思議な話です。「私に平家物語の曲を伝授した師匠は、摂州《せっしゅう》（いまの兵庫県）尼崎《あまがさき》の星山勾当《こうとう》という人です。秘伝の第九の巻を習った時に、師匠が『この巻の九にある〝小宰相《こざいしょう》の局《つぼね》〟を語って、耳を失った者がおるのじゃ。これを語るときには心せねばならぬぞ』とおっしゃるのです。私は興味をそそられ『それはいったいどういう事でしょうか』とお尋ねしました。師匠は、厳かに語りはじめました――」

私が仲良くしていた座頭に団都という名前の者がおった。生活が貧しかったので、筑紫《つくし》（いまの福岡県）に住む知り合いを頼ろうと、遠い道のりを下ることにしたのじゃ。その途中、ちょっと知った人があったので、中国地方を通り、とりあえず長門《ながと》の国赤間関《あかまがせき》（いまの山口県下関市）に立ち寄ることにした。

団都はとある浄土宗の寺に滞在させてもらうことになった。その寺には、滅びた平家一門の卒塔婆《そとば》、石塔、お墓などがあったのだが、長い年月が経ち、それらはみな苔《こけ》むして朽ち古びておった。平家に縁ある者はすべて絶えて誰も訪れる者もなく、ただ露が光る草むらと、風になびく墓所の境に立つ松の木のみ、もの淋しい景色であった。

寺の客寮で眠るようになって何日かが過ぎたある夜、団都は旅寝のわびしさに、なつかしい故郷を思い出しては夢うつつ、寝たり覚めたりしておった。するとほとほとと扉を叩く音がする。まだ暁には早い時間じゃ。

「誰です？」

団都が問えば、品のよい女の声が答えた。

「わたくしは、さるお方の使いでまいりました。我が主は、今宵はどうも寝付かれずにおられます。我が主が、『名手である座頭殿に平家物語を語っていただきたい』と仰せです。そして、私にあなたを連れてくるようにと命じました。それで夜遅くではありますが、こちらへうかがったのです。ぜひご同道願います」

団都は訝《いぶか》しく思いつつも、女とともに行くことに決め、琵琶を取り出して用意を整えた。

「それでは、どうぞこちらへ」

女は、琵琶を背負った団都の手を引いてゆく。どれくらいの道を歩いただろうか。壮大な門をくぐると、石の階段を何段も上っていった。手に触れた欄干《らんかん》は玉をちりばめてあり、団都は、これはなんと立派な屋敷であろうかと感心した。いったい、どんな貴人が暮らしているのであろうか。しばらくいくと大広間へと案内されたらしく、手に触れた床几《しょうぎ》には錦織りの布がかかり、えもいわれぬ香りが御簾《みす》越しに漂ってきた。

侍女が多く居並んでいる気配がする。団都が座を進めると、御簾の中から艶《あで》やかな姫君の声が聞こえた。

「ああ、座頭殿、来てくれましたか。嬉しいですわ。平家琵琶の一曲をぜひ。語ってくれますね？」

「畏《おそ》れながら、平家物語のどの曲をご所望でしょうか？」

「それでは、哀れですが興味深い『小宰相の局』を……」

平家物語の第九巻の「小宰相の局」とは、夫・平通盛《たいらのみちもり》が湊川で戦死したことを知った小宰相が、都を追われ屋島《やしま》（香川県高松市）へと向かう船から海中へと入水し、自ら命を絶つという悲しい物語である。

団都はこの「小宰相の局」の物語を、琵琶の四本の弦を掻《か》き鳴らし、高く低く、強く弱く自在に吟じた。一座の者は声も立てずに、じっと聞き入っている。

演奏が終わると、みなが口々に団都の演奏をほめたたえた。

「旋律も美しく、撥《ばち》の音も妙《たえ》なる響き。どうぞ、しばしゆるりと過ごされよ」

姫君はねぎらいの言葉をかけ、団都に茶菓が振る舞われた。

まわりの侍女たちが話をはじめた。

「それにしても、一の谷（神戸市須磨区）から屋島へと逃れていった平家の人々は、どんなに落胆したことか……。とくに通盛様に別れを告げた小宰相の局様の物思いはいかばかりだったでしょうか。ほんとうに愛し合っていたお二人ですから、恋しく思って入水したのもごもっともでしょう」

「通盛様のほうも、小宰相の局様とは十六歳からのご縁ですから、湊川でこの世を去ることはとても悲しく、小宰相の局様を恋しく思われたことでしょう」

きらびやかな館で姫君や侍女に囲まれて、団都は
平家物語「小宰相の局」を弾き語ります。（国立国会図書館蔵）

「思えば思うほど、泣けて、泣けて……」

並み居る侍女たちはみなすすり泣き、まるで自分たちのことのように平家の没落を哀れみ悲しんでいる。大広間は異様な雰囲気に包まれた。

しばらくすると、姫君から声がかかった。

「いま一曲お願いしましょう」

「では、今度は何をお弾きしましょうか」

「さきほどの演奏がたいへんよかったので、いま一度『小宰相の局』を弾いて下さい」

数多《あまた》ある平家物語の中でも同じ曲をもう一度とは、不思議なことと思われたが断るわけにもいかず、団都は、琵琶を抱えて演奏をはじめた。

曲が最高潮にさしかかったその時、どこかから寺の住職の声が聞こえてきた。

「いったい誰がそんなところで平曲を奏でているのだ?」

「はて、どうしてここに住職が?」

団都は訝しく思って、琵琶を置き、床を撫でてみると手に伝わってきたのは苔の感触であった。姫君が居たはずの場所にいってみると、手に当たったのは石塔。侍女た

ちが居た場所はどうだろうかと、手探りでいくと、そこには苔むした卒塔婆があるのみ。驚いた団都が、

「ここはどこでしょう？」

と尋ねると、住職が答えた。

「境内の奥にある墓じゃ。その石塔は小宰相という高貴な方の碑であるぞ」

夜が白々と明けてきた。鶏が鳴く声が団都の耳にも聞こえてきた。

住職が団都に語りかけた。

「今朝早くに汝《なんじ》を起こしに行ったが、床はもぬけの殻。琵琶もなくなっておる。さては、寺を出て行ったのかと思ったが、目が不自由な汝に何かあっては、と、あちこち探していると、琵琶の音がかすかに聞こえてくる。音に誘われていくと、ここに着いたのだ。それにしても、なぜ汝はここにおるのじゃ？」

団都はやっと我に返り、夜中に女がやってきたこと、二度も「小宰相の局」を所望されたことなど、今までのいきさつを細かに語った。それを聞いた住職は、

「さてはそういうことであったか。ならば汝は今日、迎えが来ても誘いにのって外へ出てはならぬ。出れば命を取られよう。平曲を聞いていたのは、小宰相の局の幽霊に違いなかろう。執着の心が深くて、百夜だって、この曲を聞きたがるだろう。しかし

ながら、私が汝を守ろう。安心せよ」

と優しく声をかけた。

住職は団都に行水をさせて、魔よけの呪文や般若心経《はんにゃしんぎょう》などを全身に書き入れた。そして団都に教えるのだった。

「今宵もきっと彼らはやってくるであろう。そうしたら、決して汝は音を立ててはならぬぞ。返事をしてもならない。何があっても驚いて声を立てるようなことはしてはならぬぞ」

やがて日も暮れ、昨日と同じ真夜中に、また女がやってきた。扉をほとほとと叩き、

「団都殿、団都殿」と呼びかける。

（…………）

団都は住職の教えの通り返事をせずにじっと黙っていた。恐ろしくて屈《かが》んでいると、女が部屋の中へと入ってくる気配を感じた。

「不思議ですね。座頭殿がおりませぬ」

女は手を広げて、部屋の中を探しまわっている。女の手が団都の身体に当たるのだが、死人の手では、経文が書かれた身を触ることはかなわない。まるで空を切るばか

り、何にも当たらない。しばらく部屋の中をバタバタと探し回っていた女が団都の左耳が空に浮いていることに気が付いた。

「おや、ここに座頭殿の耳があるではないか」

と言って、団都の左耳を女のものとは思えぬ力で荒々しく引きちぎった。

団都は声を上げることを必死で堪えた。ただこの痛みに黙って堪えるしかなかった。

女は、団都の左耳を手に去っていった。

翌朝やってきた住職は左耳から血を流している団都の姿を見て後悔した。

「ああ、私としたことが……。左の耳に経文を書き忘れたとは。今さら悔やんでも仕方がないが、まことに悔しいことよ。しかし、命だけは助かった。耳を得た亡霊たちは団都と平曲への執着心が失せて、きっと成仏したに違いない」

この事件以来、この琵琶法師を人々は「耳切れ団都」と呼び、彼は平曲の名手として有名になったのじゃ。

これが、わが師匠が語った「耳切れ団都」の話です。

(「宿直草──小宰相の局、ゆうれいの事」より)

人面瘡《じんめんそう》

自分の身体を宿主として、別のものが存在する恐怖。「人面瘡」の存在は、古くから人々に広く伝えられる怪異でした。

山城《やましろ》の国小椋《おぐら》（いまの京都府宇治市小倉町のあたり）でひとりの農夫が長く患っていました。悪寒、発熱がひどく、全身が痛風のように痛み疼《うず》きます。さまざまな治療をするのですが、どれも効き目がありません。しばらくすると、左の膝《ひざ》の上に瘡《かさ》ができました。その形は、まるで人の顔のようです。目と口はあるのですが、耳と鼻はありません。この瘡ができてから、熱と全身の痛みはなくなりましたが、瘡の部分がどうしようもなく痛みます。試しに瘡の口に酒を入れてみると、瘡の顔が赤く変わりました。餅や飯を入れてみると、人がものを食べるのと同じように口をもぐもぐと動かして飲み込みます。やっかいなことに、食べ物を与えると、しばらく痛みはありませんが、食べさせないと痛み出します。

足にできた人面瘡にさまざまな治療を
試みるのですが、効果はありません。（国立国会図書館蔵）

瘡に吸い取られてしまっているのか、そのうちに病人は骨と皮ばかりになってしまい、死期が迫っている様子です。この話を聞いてやってきた多くの医師が、内科、外科、その他いろいろに治療を尽くすのですが、効果はありません。

そこへ、諸国行脚の道人《どうにん》（仏教修行者）がやってきました。

「この瘡はまことに世でも稀《まれ》なものです。これを病む人は必ず死んでしまうと言われています。しかし、ひとつだけ癒《い》える方法があるのです」

「この病が癒えるのならば、たとえ田畑を売り払っても、惜しくはありません」

病人は藁《わら》にも縋《すが》る思いです。すぐに田畑を売り、その代金を道人に渡しました。

道人はさまざまな薬種（薬の材料）を買い集めました。金、石、土、からはじめて、草、木など一種類ずつを、瘡の口に入れてゆきました。瘡はどれもこれも飲み込んでいきます。ところが、貝母《ばいも》というユリ根のようなものを与えようとしたところ、口をぎゅっとふさいで食べません。そこで貝母を粉にして、瘡の口を押し開いて、細い管状の葦《あし》の茎でもって、吹き入れてみました。

すると、この瘡に瘡ぶたができはじめて、十七日ですっかり治りました。

世の中で言われている「人面瘡」とは、このことなのです。

（『伽婢子―人面瘡』より）

魚の精

いくら大好物の食べ物でも「命をいただいている」という気持ちを忘れて食べ過ぎると、精霊に懲《こ》らしめられるという物語です。挿図に描かれた魚の精は、頭が鯰《なまず》っぽく不思議な雰囲気です。


大嶋藤五郎盛貞という武士がおりました。

応仁《おうにん》の頃（一四六七〜六九）、仕官を失って浪々の身となり、能登《のと》の国珠洲《すず》の御崎《みさき》（いまの石川県珠洲市内）に住んで、また仕官の時を待っていました。

彼の大好物は、生魚の膾《なます》。これがないとどうも食が進まないというほどです。

「この世の中に山海の珍味は多いけれども、膾の味に過ぎたるものはなし。まったく飽きることがない」

と友人に語るほど、膾が大好きです。

ある日、友人五、六名がやってきたので、みなで浜辺へ出て遊んでいました。風もなく波穏やかな日で、漁師が沖で網を引いています。漁師はいろいろな魚を獲って岸に漕ぎかえってきました。

たくさんの魚を見た大嶋は喜色満面。

「さあ買い取って、膾をつくろう。浜で料理をして食べて、今日の思い出にしようじゃないか」

と、五、六籠もの大量の魚を買いました。

漁師の家から調理道具を借りてきて、浜に筵《むしろ》を敷いて、早速、料理をはじめます。まずは膾を大きな桶と鉢にうずたかくこしらえました。膾以外にも、種々の魚料理をこしらえて、みなで食事をはじめます。

大嶋は箸を取ると膾を一鉢平らげました。すると喉に何かが引っかかりました。吐き出して見ると、豆粒ほどの大きさの骨です。その色は薄い赤色で玉のようにまん丸です。

茶碗の中に入れて皿を蓋にして載せて、脇へ置きました。大嶋が箸を持って、また膾を食べはじめると、茶碗が倒れて、蓋もろとも転がりました。

すると、中に入れておいた骨の玉が一尺（約三十センチ）ほどの大きさになり、人のような形となって動きはじめました。

男たちはみな驚き、その光景を見つめています。

みるみるうちにそれは五尺ばかりの赤裸の男に姿を変えて、大嶋藤五郎に摑《つか》みかかります。

大嶋はそばに置いていた太刀を抜いて、斬りつけると、男は稲妻のような光を発し、ぱっと蜻蛉《とんぼ》のように飛びまわって身をかわします。男は隙《すき》をついてこぶしで大嶋の頭をぽかんと殴りつけます。さらに、大嶋の背中をぴしりと打ちつけ、血が砂を染めます。大嶋も太刀を打ち入れ、相手の腕を斬り落としました。

友人たちは助太刀をしようと思うのですが、霧が立ち込めて様子がわかりません。ただ戦っている音だけが聞こえてきます。


戦いの音が止み、霧が晴れると、大嶋は朱《あけ》に染まって倒れています。

「これを見たまえ。敵の腕を切り落としてやったぞ。化け物は消え失せた」

大嶋が言うのを見ると、大きな魚のひれが切り落とされていました。

大嶋はそのまま気を失ってしまいましたが、みなでさまざまな薬を与えて介抱し、一命を取り留めました。しばらくは意識不明で眠り続けていましたが、傷が癒《い》えるに

男の腕を斬り落としたと思って見てみると
それは巨大な魚のひれでした。（国立国会図書館蔵）

したがって、だんだんと快復し、すっかり元気になりました。
しかし、あの時のことを尋ねると、大嶋は露ほども覚えていないのです。
これはきっと魚の精が現れて、怪異を起こしたのでしょう。

（「伽婢子――魚膾の怪」）

第四章
「動物変化」のコワーイ話

犬、猫、キツネなど、人の暮らしの近くにいる動物たち
身近なものだからこそ恐ろしさは増して……

妻に化けたキツネ

日本では昔からキツネは人を騙《だま》すずるい動物とされてきました。この物語は、キツネを屋敷から追い出そうとした妻を、機会をうかがっていたキツネが逆に追い出そうとします。

近江《おうみ》の北部（いまの滋賀県の湖北地方）に、安井四郎左衛門という人がいました。安井家の屋敷には、昔からキツネが住みついていました。

ある時、妻が庭でキツネの親子が遊んでいるのを目撃します。

「まあ、恐ろしい。この屋敷はキツネの棲家になっている。キツネは何にでも姿を変えて、人を騙すというでしょう。気色の悪いこと」

妻は夫の四郎左衛門に相談します。

「あのキツネたちをどうにかして屋敷から追い払えないものかしら」

「我が屋敷にキツネがいるのは、いまにはじまったことではない。昔から住んでいるのだから、しょうがないではないか。何か悪さをしたわけでもないし……」

当のキツネは、床下で妻と四郎左衛門のこのやり取りを聞いていました。


ある夜のことです。

妻は寝床から起き出て厠《かわや》へ向かいました。しばらくすると、戻ってきて戸を閉めて、また床に入りました。

すると、戸をトントンと叩く音がします。

「ここを開けて下さい」

妻の声です。

四郎左衛門は、これは怪しきことと思い、

「妻はいま戻ったばかりだ。何をおかしなことを言っている」

と返事をします。寝床にいる妻は、

「あれは、きっとキツネが化けているのです。ちょうどいい機会ですから、打ち殺してしまって下さい」

と言います。

「私は騙されないぞ。打ち殺してやろう」

四郎左衛門は、刀を抜き、戸を開けると、妻に化けたキツネを一刀のもとに切り捨てました。

しかし、そばに寄ってその亡骸《なきがら》を見てみれば、紛うことなき我が女房。

「これは、いったいどういうことだ？」

振り返って寝床を見れば、すでにキツネは消えていました。嘆き悲しんでも後の祭り。

「憎い、憎い。わが屋敷に住む身でありながら、主人である私に妻を殺させるとは。堪忍ならん。懲らしめて、女房の供養にすべし」

怒り狂った四郎左衛門は、村中の人を呼び集めます。

屋敷のまわりを何重にも取り囲んで、キツネ狩りをはじめると、一匹残らず生け捕りにし、打ち殺して捨ててしまいました。

（「義残後覚─安井四郎左衛門、誤まりて妻を討つ事」より）

巨大タコVS大蛇

タコがどんなに恐ろしいかを、男たちが集まって語り合います。話はどんどん大げさになってゆきます。何だか、まるでアメリカのB級映画のような話です。

四、五人の男たちが集まっておしゃべりをしていました。
その中のひとりが、次のように語りはじめました。

「タコってのは本当に恐ろしいもんですね。摂津《せっつ》の国の御影《みかげ》の浜（いまの神戸市東灘区御影のあたり）に罪人を磔《はりつけ》にする場所があったんですが、毎夜、坊主がやってきて番をしているという噂《うわさ》が立ったんですよ。そこで、その里に住む牢番が行って確かめてみると……。何とその坊主の正体はタコだったそうです。タコってのは、人を喰うものなのでしょうかねえ」

すると、鍋島《なべしま》家（佐賀藩、鍋島家）家中の福地さんという人が、

「いやいや。タコが人を喰うってことはないでしょう。それよりも、私はタコが好き

で前はよく食べていたんですが、ある時、小船に乗って浅瀬に停まっていると、三尺（約一メートル）ばかりの蛇が、半分ほど海に浸かっているのが見えたんですよ。で、気がつくといつの間にやらその蛇が手長タコに変わっていて、海に入っていったんですよ。それ以来、私はタコを食べるのをやめましたよ」

なんてことを、したり顔で語ります。

片隅で法師が菓子をかじっていました。彼はこの福地さんの話を聞くと、大きく頷《うなず》いて、話に加わってきました。

「蛇がタコになるのは、あり得ることですよ。私が以前、丹後《たんご》にいたときに、青侍（若くて身分の低い侍）三、四人と舟遊びに出かけたことがありましてね。沖へは出ずに、浅瀬を漕いで、洲崎に出ました。酒を飲んでご機嫌になり踊り歌う者や、干潟を千鳥足で歩く者、あるいは船に乗ったまま竿《さお》をたれて魚釣りをする者、それぞれみな楽しんでおりました。

そのうち、ひとりが『波が高くなるから、そろそろ戻ろう』というと、別の者が『暮れ過ぎまではいいだろう。ほら、あれがこの浦でいちばん美しい景色だ。まだ甕《かめ》の酒も残っているじゃないか。いざ、船を遣《や》れ！』と指さします。

彼が指さす方を見ると、人の手ではとうてい造り出せないだろうというほどの美しい岬が見えました。磯伝いに船を漕いでいくと、岸の草は潮風になびき、岩間の苔《こけ》は潮に漂い揺れています。岸には高さ三間（約五・四メートル）太さ二尺（約六十センチ）ほどの松の木がたいそう美しい姿で立っています。まるでその梢《こずえ》は海を招くような風情です。

『あの、松の木の下で休憩しよう』ということになりましてね。

漕いで近づいていって、さあ、あと三十間（約五十四メートル）というところで、ひとりが、

『松の根のところが赤いぞ。そばに何か黒いものがあるけど、あれらは何だ？』と尋ねます。船を近づけていき、あと十五間ほどになったとき、海からピュッと水が飛びました。そして薄紫色のものが松の枝にペタンと掛かると、黒いものがずるりと取り付きます。

舟を停めさせて『なんだろうか？』と目を凝らすと、船頭が『これは、これは。前に他の船頭から聞いたことがありやす。こんな日和には、蛇が出てきてタコを釣るんだとか。上の黒いのが蛇で、下の紫色がタコでやすね』と言いました。

『これは見ものだ』と、みなでじっと見つめていると、長さ三間、太さ一尺ほどの烏《からす》蛇《へび》が、水面から一間ほど上にある枝に纏わりついて、尾を水に垂らしています。

松の木に絡まった黒い大蛇が尾を垂らしてタコを釣り上げようとしますが……。（人間文化研究機構国文学研究資料館蔵）

すると、水面からタコの手が一本出てきて、蛇の尾に掛かります。ほどなく、またタコの手が次々と出てきて、四本になり、蛇の尾を下へ下へと引っ張ります。すると、蛇のほうは上へ、上へと引き上げようとします。さすがの松の木も揺れています。まるで綱引きのようです。船中、固唾《かたず》を呑んで見守っていると、松の枝がメリメリと元から折れてしまいました。蛇の運もこれまで。

私たちはタコが釣られるのを見たかったのでがっかりでした。松の枝が波間に浮いたり沈んだりしていましたが、蛇は二度と上がってくることはありませんでした」

と法師は語りました。

（「宿直草――蛸も恐ろしきものなる事」より）

一条戻り橋の化け物

京都は古い都ですから、多くの奇談・怪談の舞台となっています。「一条戻り橋」というのは、京都市上京区の堀川に架かる一条大路の橋です。洛中と洛外を分ける北の境となっていました。豊臣秀吉によって島津歳久と千利休が晒《さら》し首にされたのもこの橋の袂《たもと》でした。

いつの頃からかわかりませんが、都の一条戻り橋のあたりに、夜な夜な化け物が出るという噂《うわさ》が広まりました。

都に名前を知られたある武士がおりましたが、その頃の彼は世を憂いて出仕せず、洛中を暇にあかせてうろうろと徘徊し、浪人のように暮らしておりました。

この武士は一条戻り橋の化け物の噂を聞くと、

「さて、この化け物はいったいどんなものだろうか。見てやろう」

と、興味津々。早速、妻を伴って橋へと出かけて行きました。彼は橋のほとりに桟敷を設け、密かに化け物が現れるのを待っていました。

さて、この武士の家は、先祖代々裕福で大きな屋敷を構えていました。その屋敷に出入りの座頭（琵琶《びわ》法師）がやってきました。

「今宵、殿はどうされたのですか？」

家人は、殿が一条戻り橋へ化け物を見に行った話をします。

『人が多くいては、化け物は出てこないだろう』と言って殿は奥方と二、三人の供を連れて出かけていきました。待っている間はきっと退屈でしょうから、座頭が話し相手になってあげてはどうでしょう」

「それはごもっとも。ぜひ参りましょう」

座頭は一条戻り橋へと向かいました。

座頭がやってくると武士たちはとても喜び、平家物語などを語らせて無聊《ぶりょう》をなぐさめていました。しかし、夜が更けてあたりが静まってくると、夫婦は急に眠気に襲われます。

「化け物を見られなくなるぞ」

と言って、お互いに肩をゆすって起こし、励まし合ったりしていたのですが、どうにも眠くてたまりません。意識が朦朧《もうろう》としてきて、うつらうつらと寝はじめました。

その時、座頭が二人の間へ飛び入り、長い手を伸ばして二人の頭を押さえつけました。頭を押さえつけられた武士はハッと驚き、

「出たな、化け物め!」

と起き上がり、太刀に手をかけようとするのですが、まるで網にかかったかのように、手足に何かが搦《から》まっています。

武士は、目に見えぬ網のようなものを渾身《こんしん》の力で押し広げるようにして、ようやく家に伝わる銘刀・来国光に手をかけ、化け物を斬り払います。

一太刀斬られて怯《ひる》んだところを、武士は続けざまに五つ太刀を振るいました。

さて、火を点《とも》して見ると、化け物の手足は龍のように長く一丈三尺五寸(約四メートル)もあります。頭は巨大でまるで絵で見た妖怪・酒呑童子《しゅてんどうじ》のようです。

これは蜘蛛《くも》が歳を経て、人を化かしていたものでした。

その後、この化け物の屍骸《しがい》を橋に晒し、たくさんの人がこれを見たそうです。

(『曾呂利物語――一条戻り橋のばけ物の由来の事』より)

戻り橋で人を襲う化け物の正体は、
歳を経て変化した蜘蛛でした。（国立国会図書館蔵）

狸《たぬき》の仕返し

狸は里山でもよく見られ、日本では古くから親しまれてきた動物です。しかし、雑食性の狸は畑を荒らし、人家に現れては食べ物を盗み、人を困らせてきました。この話は、食べ物がきっかけで坊主と狸の化かし合いがはじまりますが、さて軍配はどちらに？

東近江《おうみ》に酒人村《さこうど》（いまの滋賀県甲賀市内）というところがありました。その山の奥に、村人たちが建てたお堂があり、坊主がひとり住んでいました。この坊主が里に下りると、留守の間に狸がやってきて食べ物を盗んでいきます。

ある時、坊主は比叡山《ひえいざん》の横川で餅の形をした石を拾いました。帰ってきた坊主は、この石を炉に入れて焼き、日が暮れるのを待ちました。すると、案の定、夜になると狸がやってきて、食べ物を漁《あさ》りはじめます。坊主は狸に呼びかけます。

「これから先、盗み食いをしないなら土産をやろう」

坊主は用意していた焼石を火鉢で挟んで、狸の方へ投げました。狸は喜んで取って喰おうとして、大やけどを負い逃げていきました。

その後、お堂の仏壇に安置されている本尊が、時おり光輝いて見えるようになりました。坊主はありがたく思い、ますます信心を深めていきました。

ついにある夜、坊主の夢枕に如来《にょらい》が現れて、

「汝《なんじ》、早くこの娑婆《しゃば》を立ち去って、火定《かじょう》（自ら焼身して弥陀《みだ》の世界に入ること）に入るべし。我、その時来迎して、西方《さいほう》（西方浄土）へ救いとらん」

と、言ったところで、坊主は目が覚めました。

坊主は、なんと尊くありがたい事だろうと思って、村中に触れ書を回しました。

「某の日、それがし火定に入りて往生いたし候《そうろう》。詣り給へ」

触れ書を目にした村人たちは「なんと殊勝なことでしょう」と感激の涙を流すのでした。

さて、その日がやってきました。

近在の村々からも人々が押し寄せました。みな仏の御来迎（この世に仏が姿を現すこ

と）を拝もうと待ち構えています。

お堂の前には一間（約一・八メートル）四方に石垣が積まれ、その中に炭や薪を積んで、壇が築かれていました。坊主は、白衣に新しい袈裟《けさ》をまとって、もうす（僧の被る頭巾）を被り、薪の上に坐して、心を定めて観念の面持ちで御来迎を待ちます。

午《うし》の刻（昼の十二時）になりました。西の方から、阿弥陀《あみだ》・観音《かんのん》・勢至《せいし》の三菩薩《ぼさつ》、そのほか二十五の菩薩が姿を現しました。笙《しょう》、篳篥《ひちりき》、管弦が鳴り渡り、光を放ちながらの御来迎です。集まった人々は、「ありがたや、ありがたや」とひたすら伏し拝みます。

「では、火をかけよ」というかけ声で、一気に薪に火がくべられて、坊主はあっという間に焼け死にました。

その時、菩薩たちが本当の姿を現しました。一度にどっと笑い声がしたので、人々が驚いて見ると、二、三千匹の古狸が山へ逃げ入るところでした。

焼石に騙された狸の仕返しだったのです。

（「諸国百物語――狸廿五の菩薩の来迎をせし事」より）

火定の儀式で西方浄土のつもりが、実は
狸にまんまと化かされていました。
（東京国立博物館蔵　Image:TNM Image Archives）

出来すぎ女の正体

ある日どこからともなく現れた女。このような女には何か曰《いわ》くがあるものです。出来すぎ女の隠れたる真の姿とは?

ある高貴な家の娘が成人するにあたって、侍女をたくさん付けることとなりました。そんなところにどこからともなく、高貴な様子の女が門前に現れて、奉公を願い出ました。家の者は、

「幸い当家ではあなたのような人を探していたのです。さあ、どうぞお入り下さい。奥様にこのことを申し上げてまいりましょう」

と、女を屋敷に招き入れました。

かくて、その女は娘の侍女として仕えることとなりました。

その女の侍女としての仕事ぶりや心がけもさることながら、花結び(衣装などの飾り

に糸をさまざまな花の形に結ぶこと）が上手く、絵を描き、文字も美しく、また、縫い物などは織姫に負けぬほどの腕前で、染め物の色合いなどことのほか素晴らしく、秋の女神の竜田姫も恥じるだろうというほどでした。

ある夜のこと、奥方が女の部屋の前を通ると、部屋から灯火が漏れています。部屋の中を覗《のぞ》くと……。

かすかな光のもとで、なんと女が自分の首を取りはずして前の鏡台に掛け置き、お歯黒、化粧を施しています。化粧が終わると女は、その首を自分の胴体にくっつけ、そのまま何事もなかったかのように座っています。

奥方は、その光景にすっかり胆《きも》を冷やしました。

奥方は夫に女の部屋で見たことを語りました。

「……と、このようなわけですが、いかがされますか？」

「まずはそれとなく暇を出すのがよかろう」

という夫の返事に、奥方は女を呼び出し、話をします。

「夫から『侍女が多すぎるので一人か二人に暇を出せ』と言われていました。そなた

そっと侍女の部屋を覗き見ると、首と身体が分かれています。（国立国会図書館蔵）

のような役に立つ方に居て欲しいのですが、他の侍女たちは代々当家に仕えている譜代の者ですから暇を出すことができません。そこでそなたに辞めてもらいたいのです。でも、娘が嫁入りの時にでもまた迎えをやりますから」

その時、女の顔色がぱっと変わり、

「さては何か御覧になって、このようなことを仰せになられるのでしょう？」

と奥方のそばへとにじり寄ってきます。

「そなたはいったい何を申しているのですか？　時期が来たらまた迎えをやると言ったではありませんか」

奥方はつとめて平静に答えます。しかし、女は、

「いやいや、なんと情《じょう》のないこと」

と言うや、飛びかかってきました。

このようなこともあろうかと、夫が後ろに隠れていました。刀を抜くとぱっと女に斬りつけました。斬られた女が弱ったところで、再び斬りつけてみれば……。

女の頭からは角が生え、口が耳まで裂けた老猫へと姿を変えておりました。

（「曾呂利物語―竜田姫の事」より）

丹《たん》波《ば》の一つ家

寂しい場所にある一つ家（一軒家）、一晩の宿を借りてみれば、そこは……。と、いう話ですが、山姥《やまうば》や鬼婆は出てきません。動物に化かされるのではなく、自分の姿が動物に変えられてしまう恐怖が描かれています。

昔、むかしのことです。丹波の国（いまの京都府と兵庫県の一部）の奥に、大きな一つ家がありました。使用人も数多く、十数人あまりが裕福に暮らしていました。しかし、不思議なことに、田畑を耕すわけでもなく、何か職人仕事をしているわけでもなく、店を開いているわけでもないのに、日々の暮らしは豊かなようです。馬を売って生計を立てているのですが、馬を育てている様子もなく、さらによそに馬を買いにいくのを見たこともありません。それでも、良い馬をどこかから手に入れて、ひと月に二、三頭売っているのです。

街道沿いに建っている家なので、旅人が一夜の宿を求めることもあります。

近隣の人々がこっそりと噂《うわさ》するには、
「あの家の亭主は、秘術を伝授されて、人を馬にして売っている」
と、いうことです。しかし、詳しいことは誰にもわかりません。

ある時、六人の旅人が宿を借りにやってきました。五人は普通の人々でひとりは修行中の僧でした。家の亭主は、にこやかに家の中へと旅人たちを招き入れます。そして、座敷へ通すと下男に枕を六つ用意させ「おくたびれでしょう。まずはお休み下さい」と言って、奥へ入っていきました。

五人は亭主のすすめに従って横になりました。しかし、僧はここへ来る前に丹後《たんご》（いまの京都府の北部）でこの一つ家の怪しい噂を聞いていたのです。僧は用心すべしと思い、眠ることはせずに座敷の隅に座っていました。

僧はこっそりと障子の隙間《すきま》から家の奥を覗《のぞ》いてみました。みなが忙しそうに立ち働いています。僧は持っていた小刀でさらに障子の隙間を広げ、目を凝らすと、畳くらいの大きさの台の上に土が盛られているのが見えます。すると、亭主がその土に何やら種をまいて、上に薦《こも》をかぶせました。隣のかまどでは、下男、下女が飯を炊き、汁をつくり、鍋に湯を沸かしています。しばらくすると、亭主が「もういいだろう」といって薦を取りました。そこには青々とした草が二、三寸（約十センチ）の長さに生い茂っています。見たところ、その草は蕎麦《そば》に似ています。

亭主たちは、この草をとると沸かしていた湯でゆがき、和えものにして大きな椀に盛りつけます。亭主はこれを菜としてご飯と一緒に膳をととのえました。


「さあさ、みなさんお食事ですよ」

休んでいた五人は起きだして、膳の前に座ります。

「めずらしい蕎麦だなぁ」

喜んでさきほどの草を食べはじめました。

僧は食べるふりをして、隅のスノコの下へこっそり捨てました。

食事が終わり、しばらくすると、

「風呂が焚《た》けました。ひと風呂どうぞ」

亭主が風呂をすすめます。もちろん五人は、

「では、よろこんで」

と、風呂場に向かいます。しかし、僧は風呂へ向かうふりをして、脇へ逸れて便所に隠れました。便所から風呂場を覗くと、亭主が、きり、金槌《かなづち》、金釘を持ってきて、

風呂の戸を打ち付けています。

どう考えても、何やら怪しいことが行われているのは確かです。僧はここで見つけられてはかなわないと、暗闇に紛れて風呂場の床下にもぐり込み、じっと息を潜めて様子を見守っていました。

「もういい頃だろう。戸を開けよ」

亭主が命じ、下男が釘抜きを使って風呂の戸を開け放つと、馬が一頭「ヒヒーン」と、いななきを上げて走り出てきました。

屋敷の門は固く閉ざされているので、馬は庭をぐるぐると躍り回ります。一頭出て、また一頭出て、五頭走り出てきました。

亭主たちは、もう一頭出てくると、待っていました。しかし、いつまでも出てきません。灯火をもって湯気の立ちこめる風呂場の中を照らすと、馬はおろか人の姿も見えません。風呂場はもぬけの殻です。

「ひとりがどこかへ行ってしまったぞ。探せ、探せ」

屋敷の中は、いなくなったひとりを探して大騒ぎです。

僧は人々が馬に変えられたのを見届けると、床下から這《は》い出し、亭主が気付いた時には、すでに後ろの山に登って追っ手が届かないところまで逃げていました。

翌日、僧は国の守護所を訪ね、昨晩のおぞましい出来事を詳しく語りました。守護は「これはなんというひどい犯罪であろうか。さては、噂は本当だったのだな」と言うと、配下の者どもを引き連れて、一つ家へと向かい、その家の者すべてを打ち殺しました。

（「奇異雑談集──丹波の奥の郡に、人を馬になして売りし事」より）

蛇の食べ残し

蛇は獲物を噛み砕かずそのまま丸のみにする習性があります。この驚くべき習性から生み出された物語です。

元和《げんな》八年（一六二二）の秋のことです。

ある男が、紀州《きしゅう》・和歌山へ知り合いを訪ねました。世間話に花を咲かせていると、四十歳くらいの担い売りが魚籠《びく》を下げてやってきました。この男、頭の毛も眉毛すら一本もなく、ツルツルで、まるでヤカンのようです。「蛇《じゃ》の分食《わけ》（食べ残し）がきたよ」と呼ばれていきます。

さて、商いを終えて、担い売りは帰って行きました。

「蛇の分食とはいったいどういうことだい？」

と、尋ねると、亭主は待ってましたとばかりに不思議な話をはじめました。

ある男の子が山中に暮らしておりました。六歳になろうかという九月のこと、伯父が、彼に山雀《やまがら》など取ってやろうと思い、一緒に山にいきました。囮《おとり》を仕掛ると、たくさんの山雀を取ることができました。

「この小鳥籠を持って、池に行って餌器《えげ》に水を入れておいで」

彼は池へと水を汲みにいきました。

ところがしばらく待っても甥っ子は戻ってきません。名前を呼んでも返事がありません。不審に思った伯父は、池のほとりへ行ってみました。すると、籠と草履《ぞうり》はあるのですが、甥っ子の姿がありません。

伯父は甥っ子を探してあちらこちらと歩きまわります。沢の水は溶溶《ようよう》と流れ、草が鬱蒼《うっそう》と生い茂っています。その中に一本の松が立っていました。伯父がふと水面を見ると、腹を五尺（約一・五メートル）にも膨らました大蛇が、松の木に絡みつき、舌なめずりをする姿が映っています。

「さては、こいつが我が甥を食ったのか?」

伯父は急いで家へと帰り、戸を開けることさえもどかしく、弓矢を摑《つか》むと大急ぎで戻ってきました。

大蛇はさっきと同じ姿のまま松の木に絡みついていました。

弓を引き絞り、矢を放ちます。大蛇は動きを止めました。命中したようです。

伯父は懐から脇差《わきざし》を取り出すと、蛇の腹の膨れているところを、縦に三尺（約一メートル）ほど切り裂きました。

蛇の腹の中でうずくまっている甥っ子を見つけました。伯父は、甥っ子に気付け薬を飲ませて、家へと連れて帰りました。

甥っ子が伯父に語るには、

「蛇に飲まれた時、暗闇の中にいるような感じだったよ。別に苦しくはなかったよ。でも、頭に雫《しずく》が二、三滴かかって、すると、とてもとても熱くて、からだが砕けるかと思うくらいに痛かったんだよ」

甥っ子はその後、とくに変わった様子もなく健康に暮らしていたのですが、髪の毛だけが生えることなく、頭はつるつるのすべすべになってしまいました。

そう、その甥っ子こそがさきほどの担い売り「蛇の分食」なのです。


（「宿直草―蛇の分食といふ人の事」より）

犬のお婿《むこ》さん

犬に魅入られてしまった女の数奇な運命を描いた物語です。犬の執心から離れられても、女の心、一念はやはり摩訶《まか》不思議なもののようです。


ある人に娘がおりました。

その家では、一頭の白い犬を飼っていました。娘が厠《かわや》へ立つ度に、父親は白い犬を呼んで、「この娘はお前の妻だぞ。お供してやれ」なんて戯れを言っていました。犬は嫌がる様子もなく、むしろ喜んで尻尾を振ってついていきました。

娘は成長し、そろそろ夫を迎えようかという年頃になりました。

仲立ちをしてくれる人を家に呼び、縁談話をしていると、犬がじっとその様子を見ています。仲立ちをしてくれる人が帰ると、白い犬はその人を追いかけていき、噛みつきます。この時だけではありません、娘の縁談話をすると必ず、犬がその相手を追っていき、まるでそんな話を許すまいといったように唸《うな》り噛みついてくるのです。

こんな有様では、娘の縁談はまとまりません。

また、犬でありながら寝ても覚めてもその娘を思っているかのような様子で、はた目にみても、犬の娘への執心はすさまじく、気味悪く思えました。


親はこの有様を嘆き、人相観を呼んで占ってもらうことにしました。

「この犬の娘への執心はすさまじい。殺してもそれが止むことはないだろう。汝が〝妻〟などと軽々しく言うから、畜生の身でありながら犬が聞きとどめてしまったのだ。言ったとおりに添わせなければなるまい。まったく厭《いと》わしいことだ」

親は落胆の涙を流しながら占い師の話を伝えます。

「あの犬をおまえから引き離す手立ては何もないのだ。それどころか、お前と犬を添わせなければならない……」

しかし、娘に嘆く様子はありません。

「自分に似合いなのでしょう」

淡々と静かに応えました。


村から離れた山の中に家を造って、犬と娘は暮らしはじめました。

いったい何の因果でしょうか。きっと添い寝も異様な光景でしょう。狭い床での睦《むつ》言《ごと》などもあるのでしょうか？　四足《よつあし》のものと立って歩く人間との語らいは、まるで耳で鼻をかみ、竹に木を接ぐような奇妙なものでしょう。

犬がキツネや狸、キジやウサギを獲ってくると、娘が山を下りて、市場でそれら売って生計を立てていました。こうして一人と一匹はともに日々を送っていました。

そんな暮らしを送っていたある日、山伏がこの山にやってきました。

山中を歩いていると姿の美しい女が、誰かを待っている様子です。山伏はそのまま行き過ぎようとするのですが、どうにも女が気になります。

山伏は女のもとへ近づいてゆき、尋ねます。

「そなたはなぜ、こんな山の中に住んでいるのです？」

「私の夫がおりますもので……」

女のしとやかな風情に山伏は、

(花ならば手折り、雪ならば捏《つく》ねるように、自分のものにしてしまいたい。深い仲になりたい)

と思います。一目ぼれです。

「その夫というのは、どんな方なのですか」

「恥ずかしながら、夫というのは犬なのです……」

これを聞いた山伏は、

（こんないい女を犬の妻にしておいてよいものか）

と思い、一計を案じました。


山伏は何もなかったような顔で女のもとを立ち去ります。

女の家の近くの物陰で待っていると一匹の白い犬がやってきました。

（そうか、この犬が、あの女の夫か……）

犬の姿を確認した山伏は、山の中へと入ってゆき、見つけた洞穴に身を潜めます。

何も知らずに犬は狩へとやってきました。犬が洞穴の前を通ったその時、山伏は犬に向かって太刀を振り下ろします。犬は打ち殺されてしまいました。山伏は、犬の亡骸《なきがら》を土深く埋めて隠しました。


数日後、山伏は何食わぬ顔で女のもとを訪れます。

山伏は女に問いかけます。

「何をそんなに悲しんでいるのです？」

「ちょっと出かけたはずの夫が戻ってこないのです。今日でもう七日になります。こんな風に戻ってこないということは、きっと彼は……」

女はしくしくと泣きはじめました。

「ああ、そうでしたか。ご主人が戻らないとは、それは何とも残念なことです。しかしながら、残されたあなたの身はどうなってしまうのでしょう。私はそれが心配でなりません」

などと、山伏はうそぶき、さらに続けます。

「行ってしまった者を、悔やんでも仕方がありません。私は妻がおりません。私は、あなたが妻となってくれてもかまいませんが……」

犬がいなくなっても女は里に帰るわけにもいかず、もはや頼れる人はいません。女は、山を下りて山伏と添うことにしました。

長い年月が過ぎ、彼らは七人の子をもうけました。

山伏はある夜、妻に告白します。

「お前の夫であった白犬は、実は私が打ち殺したのだ」

男は、もう時効だと思っていたのでしょう。しかし、妻は違っていました。妻はそのことを恨み、ついには山伏を殺してしまいます。

七人まで子をなしても、女の恨みというものは消えぬものです。幼馴染みを忘れぬことは、殊勝なことです。ことわざにも「三途の川に足を差し入れて深さをはかり、手をとって渡るのは、はじめて会った男の子だ」と言うでしょう。だからといって、後添えを殺すのは良くないことです、でも、世の尻軽女に、この話を聞かせたかったのです。

(「宿直草―七人の子の中にも女に心ゆるすまじきこと」より)

しゃべる馬

動物が人の言葉を話したらビックリ仰天。怪談では、身近な人が前世の因縁によって動物に姿を変えていたりもするのです。あなたのペットも実は誰かの生まれ変わりかも……。


武蔵《むさし》の国神奈川の宿場で、ある旅人が、雨が降ってきたので宿屋の主人の羽織を盗んで立ち去ろうとすると、声がかかりました。

「それは俺の主人の羽織だぞ。なぜお前が着ていく？」

旅人はあたりを見まわしますが、どこにも人の姿はありません。まあ、空耳だろうと思ってそのまま行き過ぎようとすると、また、

「それは俺の主人の羽織だぞ。なぜお前が着ていく？」

と、声がします。声の主を見ると、驚くべきことに馬ではありませんか。

びっくりした旅人は思わず馬に向かって、

旅人が羽織を盗んで立ち去ろうとすると
馬に呼び止められます。（国立国会図書館蔵）

「これは一体どういう事か……」

と尋ねます。すると、馬が人間の言葉で答えます。

「私は、この宿の主人の甥です。伯父にはたいへん世話になっていました。その恩に報いるために馬に姿を変えてやってきたのです。いま、まだ少し借りが残っています。あと銭七十五文で終わります」

旅人はしゃべる馬が恐ろしく、宿へと戻りました。そして、主人に馬との出来事を語りました。

主人が言うには、

「なんと不思議なことだろう。この馬は他の馬とは比べものにならないくらいとても働き者で役に立っています。それはもう、まるでこの馬には人の言葉がわかるんじゃないかと思うほどなんですよ」

ということでした。

その後、主人が馬を貸し出して、その貸出料七十五文を受け取ったとたんに、馬は死んでしまったそうです。

これは寛永《かんえい》年中（一六二四〜四四）の出来事で、内藤六右衛門《ろくえもん》という人から聞きました。

さて、近江《おうみ》の国（いまの滋賀県）にも同じような話があります。

ある家に盗っ人が入り、物を盗ろうとすると、この家の馬がいななきを上げて騒ぎ出しました。しばらくじっとしていると静まったので、盗っ人は家からこっそりと出ていきました。すると、馬が追いかけてきて、

「その盗った物をお前にやるわけにはいかないぞ。置いていけ！」

と言います。

馬が人の言葉をしゃべったことに驚いた盗っ人が呆然《ぼうぜん》としていると、馬はこう続けます。

「俺は前世でこの家の米を一斗《と》（十升《しょう》。約十八リットル）盗んだ科《とが》によって、馬となってここへやってきたのだ。もう四年になる。九升分の償いが済んだ。だが、まだ一升分が残っている。今、この盗みを押さえて、償いに当てるべし」

恐れをなした盗っ人は、盗み出したものを捨てて慌てて逃げていきました。

しばらく後に盗っ人は、例の家を訪ねました。

「馬を貸して下さい」

「最近よく働かせていまして、馬は疲れているので貸せません」

「そこを何とか。多めに支払いますから」

盗っ人は半ば強引に馬を借り出しました。これは、馬の抱えている科を償わせてやるためでした。

戻ってくると馬はすぐに死んでしまいました。

盗っ人は、再度この家へやってきて、懺悔《ざんげ》をし、馬とのいきさつを語りました。

この話は多くの人々が知っている話なので、きっと本当にあった出来事なのです。

（「因果物語――馬の物言ふ事」より）

第五章

怪談なのになぜか笑える話

死人、化け物、幽霊が出てきても
なんだかユーモラスに感じてしまう江戸の怪談です

死人を渡る女

女が好奇心から死体をいちいち試してみるシーンが何とも滑稽《こっけい》です。また、女の図太さと男の繊細さの対比は、いつの時代にも見られる男と女の本性なのでしょうか。話の最後にはこの作者から女性へのアドバイスも付いています。

摂津《せっつ》の国（いまの大阪府）の富田《とんだ》というところに、ある女が住んでいました。女は隣の郡に暮らす恋人のもとへ夜ごと通っていました。その道のりは一里（約四キロ）もありました。その上、ちゃんとした道ではなく、田んぼの細いあぜ道や、人に向かって吼《ほ》える犬、通行人の目を避けながら、忍び忍んで通っていく道でした。寝る間も惜しんで忍び通っていく様子は、まるで「恋の奴隷」です。

通い道の途中に西河原の宮という、木々が生い茂る深い森がありました。そこを過ぎると小川が流れていて、川には板の橋が架かっていました。

ある夜のこと、女がこの小川にやってくると、橋がなくなっていました。大雨で流されたのでしょうか。女はなんとかこの川を渡れないものかと、川沿いを上に下にと歩いていると、死人が川に交差するように仰向けになって倒れているのを見つけます。女はこれ幸いと、この死人を橋の代わりにして渡っていきますが……。

死人の口が「ぱくり」と女の着物の裾《すそ》を咥《くわ》えて離れません。

しかし、女は慌てることもなくぐいっと死体を裾から引き離し、また歩きはじめました。

一町（約百メートル）ほど行き過ぎてから、女はふと思います。

「死人には心が無いはずよね？　どうして私の着物の裾を咥えたのかしら？　不思議だわぁ」

すると女は、来た道を戻って、死体のところへとやってきました。そして、わざと自分の着物の裾を死人の口に入れて、死人の胸板を踏んで渡ってみます。すると、前と同じように死人が「ぱくり」と着物の裾を咥えます。

「さては……」と思って足を上に離せば、死人の口は開き、着物の裾は離れます。

「思った通りだわ。やっぱり死人に心は無かったわ。足で胸板を踏めば口を閉じるし、

死体の上を渡っていくと、死体の口が着物の裾に
噛みついて離れません。（国立国会図書館蔵）

足を上げれば口を開くわけね」

と、合点して、恋人のもとへと向かいました。

この女、さきほどの死人を渡った話を、枕を並べた恋人に語りました。女はてっきり恋人にほめられるだろうと、したり顔で語ったのですが……。

恋人はびっくり仰天。

その後、恋人はこの女を遠ざけるようになり、女は振られてしまいました。

女性は、似合わない手柄話や「怖いものはない」なんて他人に言うことはしない方がいいでしょう。心を寄せてくれる人もその話で気持ちが冷めてしまいます。また、松虫や鈴虫以外の虫を見たときは「きゃっ。恐い」などと口にしたほうが良いものですよ。

（「宿直草―女は天性胆ふとき事」より）

幽霊じゃないのよ

怪談というのは、もしかするとこの話のような勘違いから生まれてくるものなのかもしれません。

あるところに男運の悪い女がいました。

嫁いだものの、その夫はぐうたらで文句ばかりのどうしようもないろくでなし。女はある夜、ついに夫に愛想を尽かして、夜闇に紛れて家を出て親元へ帰ることにしました。暗い夜道をとぼとぼと歩いていると、道のむこうから人が来る気配がします。

(ただの通行人だろう。しばらく待っていれば通り過ぎるわよね)

ちょうど道のかたわらに墓堂があったので女はそこへ隠れることにしました。

ところが人々の声がだんだんと近づいてきます。そして、なぜか墓のほうに入ってくる気配です。女はもはや逃げるわけにもいかず、柱をよじ登って天井へと上りました。お堂は、荒れ果てており、天井板はなく、梁《はり》はむき出しで身を隠せる場所はありません。女は、梁が十文字にかかったところに取り付き、じっと息を殺し、身を潜めていました。

上から眺めていると、四、五人の若い男たちがガヤガヤと入ってきました。彼らは、お堂の床に筵《むしろ》を敷き、行灯に火を灯すと、博打を打ちはじめました。

女は梁に取り付いたまま、

「ああ、困ったことになったわ。まるで籠の鳥か、鼎《かなえ》に入れられた魚みたい。ここから何とか抜け出す方法はないかしら。すぐに出て行っていれば、こんなところで息を詰めてじっとしていることはなかったのに。でも、もしも見つかってしまったら、この身はどうなることやら……」

などと、女があれこれ考えているうちに、下では、博打打ちの中のひとりが、大負けしてさんざんの有様です。

「銭貸してくれよ」

とその男が仲間に頼みます。しかし、勝っているみんなは鼻歌交じりの上機嫌で、まったく相手にしてくれません。男はしょうがないので、少しばかり座を離れて、欠伸をし、退屈まじりにごろんと横になって天を仰ぐと——。

彼の目に入ってきたのは、天井に四《よ》つん這《ば》いになって張り付く怪しい女の姿。

ごろんと横になった男が天井を見上げると、そこには怪しい女の姿がありました。（国立国会図書館蔵）

女の唇は血のように赤く、その間に見える鉄漿《かね》は黒々として、まるでぽっかりと開いた底なし闇のようです。髪は乱れて下へずるりと垂れ下がり、着物の裾《すそ》は風に翻っています。行灯の火影にゆらゆらと映るその姿はまさに化生そのものです。

男は近くにいる仲間に恐る恐る声をかけます。

「おい、あれはいったい何だろうか」

問われた男は指さされた方を見ると動きを止めてぽかんとしています。他のみんなも天井を見上げます。

ひとり、ふたり……そして五人は互いに目を見合わすと、しばらくじっと黙ったまま見つめ合い、何かに堪えている様子。しかし、ひとりがすっくと立ち上がりお堂を出ていくと、残りの者も置き去りにされてはならじと、いっせいに立ち上がり、後も振り返らず我先にと逃げていきました。

女は男たちが戻ってくる様子がないことを確認すると、ゆっくりと下へ降りてきて、男たちが置いていった賭け銭を拾い懐へおさめると、実家へと帰ってゆきました。

（「宿直草──博打打ち女房におそれし事」より）

シンボルが落ちた

化け物や幽霊に出くわしたわけではありませんが、男性は、アイデンティティーの喪失に関わる恐い話です。想像するとなんだか薄ら寒くなりますね。

武蔵《むさし》の国江戸のさる大きな寺の学徒・実相坊《じっそうぼう》という僧は、たいそう学があるのですが、それを鼻に掛ける高慢な人物でした。しかし、彼が法談を演《の》ぶると、僧も俗人もみな感心して、尊びありがたがっておりました。

実相坊はその後、信州へと赴き、ある家に泊めてもらいました。家の亭主から手厚いもてなしを受けて、しばらく逗留しているうちに傷寒《しょうかん》（チフスなどの激しい熱病）を患ってしまい、結局、本復するまで七十日も寝込んでしまいました。

ようやく病の癒《い》えた実相坊は、行水をします。すると、なんと男根がぽろりと抜け落ちて、女になってしまいました。

不思議なことに男根が落ちると同時に、今まで学んだ知識、文字すらも忘れてしまいました。手に職もなく女のなりをした彼は、生きてゆくために酒屋の酌婦となりました。

その後、実相坊が勤めていた寺の僧たちが街道を旅する途中で、「酒を飲もう」ということになり、四、五人が酒屋へ立ち寄りました。すると、酒屋の女が彼らを見て涙を流して悲しんでいます。僧たちが不思議に思って女に訳《わけ》を尋ねると、女はいきさつをありのままに語ったそうです。

（「因果物語――生きながら女人と成る僧の事」より）

「むくむく」の謎

浮気、嫉妬、殺人、変死、正体不明の病、蛇など、短編ながら怪談によく登場する要素が詰め込まれています。ラストは仏法によって救われるという、これまた江戸時代の怪談に多く見られる仏教説話という要素も入っています。

下総《しもうさ》の国臼井《うすい》（いまの千葉県佐倉市臼井）という所に、平六左衛門《へいろくざえもん》という者がおりました。

ある時、平六左衛門の家に諸国行脚の僧がやってきて、一晩の宿を借りました。

僧は寝所へ入ると、寝ることはせずに熱心に法華経《ほけきょう》を唱えていました。

すると、障子一枚隔てた隣の部屋から「むくむく」という呻《うめ》き声が聞こえてきます。

呻き声は一晩中続きました。

夜が明けて、訝《いぶか》しく思った僧は、平六左衛門に尋ねました。

「この家には犬の子でもおるのでしょうか？　夜じゅう何やら呻いていましたが」

「御坊さまのお尋ねですので、恥ずかしながらお話しさせていただきます。

あの呻き声の主は、私の父親なのです。十二年前から正体不明の病に苦しんでおります。はじめは、右の肩に大きな腫《は》れ物がひとつでき、その後、左肩にも同じような腫れ物ができました。そのうち腫れ物に穴があいて、父が左を向くと、右の穴から『こっち向け』と言ってきます。右を向くと、今度は左の穴が『こっち向け』と言ってきます。父は、両方の穴からずっと『こっち向け』『こっち向け』と責められています。

十二年もの間、父は夜も昼も横になることができず、座って手をつき膝《ひざ》を立てたままで、顔を左右に振って『むくむく』と言いながら暮らしているのです」

「そうですか。では、私を父上に合わせて下さい」

平六左衛門は「どうぞ、どうぞ」と言って、僧を父親のいる部屋へ連れて行きました。

僧は、父親に会うといきなり切り出しました。

「この腫れ物ができた理由を、あなたはわかっていますね。懺悔《ざんげ》なさい」

「恥ずかしながら、隠さずお話しいたします。

私は若い頃、召し使っていた女に手を出したことがあります。

ところが、あの平六左衛門の母は、たいへん嫉妬《しっと》深い女でその下女を絞め殺してしまいました。死後三日も経たぬうちに、私の右肩に腫れ物ができました。

それから七日後には、平六左衛門の母も突然亡くなってしまいました。するとまた、死後三日も経たないうちに、今度は左肩に腫れ物ができました。

それ以来、両方の肩から『こっち向け、こっち向け』と呼びかけてくるのです。

一度でも返事を返さないと、まるで絞め殺さんばかりに首が強く締め付けられるのです。十二年間、私はずっと『むくむく』とばかり申しているのです」

平六左衛門の父が語り終えると、僧は静かに言いました。

「さらば祈禱《きとう》してみましょう」


父親の着物をはだけて肩を出させ、背後にまわると、腫れ物に向かって法華経を唱えます。すると……。

右の肩先の穴から小さな蛇の頭が見えました。僧が休むことなくますます熱心に唱えると、蛇は三寸（約十センチ）ほど頭を差し出してきました。僧は御経を手に持ちながら、この蛇を外へと引き出しました。

今度は、左の穴に向かって法華経を唱えると、この穴からも蛇が頭を差し出してきます。僧は御経を持ち添えてこの蛇も引き出しました。それから、僧は蛇それぞれにひとつずつ塚を造って、経を読んでねんごろに弔いました。

平六左衛門の父の腫れ物は平癒し、穴も塞《ふさ》がったそうです。

親子ともどもたいへんに喜びました。

というわけで、この地域には法華経の信者が多いそうです。

（「諸国百物語――下総の国、平六左衛門が親の腫物の事」より）

坊主将棋倒し

夜中に死体が起き出して、寝ている人をねぶり（しゃぶる）、魂を抜いていく話です。切腹し死んだはずの侍が起き出して、さてその姿とは？　なかなかリアリティー溢《あふ》れる挿図にもご注目。


これは関東で起こった事件です。

ある侍が、主人の命令に背いたため、東岸寺《とうがんじ》という寺で切腹させられました。葬礼が翌日に行われるため、死体を棺に入れて客殿に安置し、坊主が十人ほどで番をしていました。

夜も更けてゆくにしたがって、みな壁に寄りかかって居眠りをはじめました。

その中で下座の二人は、おしゃべりなどをして寝ずにおりました。

すると、棺《ひつぎ》が振動しはじめました。何事かと思って見ていると、バリバリッという音とともに死体が棺を打ち破って出てきました。腹からは内臓がはみ出した恐ろしい

居眠りをしていた坊主たちは、幽霊に魂を
ねぶり取られ、次々と倒れてゆきます。（国立国会図書館蔵）

姿で立っています。

死体は灯火のもとに向かうと紙燭《しそく》で土器《かわらけ》の油をねぶりました。その次に居眠りしている上座の坊主のところへ向かうと、鼻の中に紙燭を差し入れ、ねぶりはじめました。次に隣の坊主、その次はまた隣の坊主、と鼻に差し入れねぶりねぶりして、だんだん下座へと近づいてきます。

二人の僧は恐ろしさのあまり声も立てられずじっと身をすくめていましたが、だんだん距離が縮まってきて、もはやこれまでと耐え切れず、後ろの庫裏《くり》に倒れ込むように逃げ込みました。

胆《きも》を潰した二人はお互いに「これはどういうことだ?」と言い合い、いま見たことを語り合って確認すると、急いでまた客殿へと戻りました。

ところが、客殿に件《くだん》の死人の姿はありません。棺を見ても何もなかったように元のままです。

しかし、ねぶられた坊主たちは、将棋倒しのごとくみな倒れています。起こそうと声をかけ、体を揺すっても返事がありません、みな死んでいました。さまざまに手当てを施したのですが、結局誰も生き返ることはありませんでした。

(「曾呂利物語―将棋倒しの事」より)

勇気ある三馬鹿

女の不義を扱った話で、怪談ではないのですが、『宿直草《とのいぐさ》』という怪談集に収められています。似たような話が『諸国百物語』『奇異雑談集《きいぞうたんしゅう》』にも見受けられます。江戸時代、女の不義というテーマは人気があったようです。


あるところに、お宮がありました。

このお宮は寂しい場所にあり、化け物が出るという噂《うわさ》で、夜になると人通りもまったく途絶えてしまいます。

さて、この近所に馬鹿者が三人住んでおりました。

彼らは、

「人が寄りつかない場所には、きっと何かあるに違いない。話のタネに、それ、見物に出かけよう」

などと申します。この三人、血気盛んな似た者同士ですから、互いに止めようなんていたしません。三人揃ってお宮へ勇んで出かけました。

男たちはお宮の拝殿に上がりこんで、闇夜の中、じっと静かに居並んでいます。しばらく待っても、変わったことが起こる気配はありません。それでも堪えてじっとしていると、天井から物音がします。

「おい、今の音、聞いたか？」

すると、真ん中に座っている男が言います。

「さっきから俺の頭のうえに、ぽつん、ぽつんと雫《しずく》が落ちてくる。三粒落ちてきた。指につけて嗅《か》いでみたらば、生臭い。きっと天井裏に何か怪しいものがいるんじゃないか」

その時、哀れな女の声が呼びかけます。

「下におります方々。どなたか上がってきて助けて下さい」

三人は、これこそ噂の化け物かと、ぞっと怖気《おぞけ》立ちました。

ところが、左側にいた男がひょいと立ちあがって、

「どこから上がればよいか？」

天井に向かって尋ねます。

「その先に梯子《はしご》がございます」


男は暗い中を手探りで梯子を伝って天井裏へと上りました。

天井裏には、女が柱に縛りつけられていました。

「なぜこんな目にあっているのです？」

「たいへんにお恥ずかしいことなのですが、隠さずお話しいたします。

私は、人妻です。夫が居る身にもかかわらず、私に思いを寄せ、言い寄ってくる男と関係を持ってしまいました。何とか夫に隠そうとしたのですが、結局、隠しきれずいつしか夫の知るところとなってしまいました。

夫は相手の男を殺し、私をここへ連れてきたのです。そして、その殺した男の頭を私の腕に抱かせて、このように縛りつけたのです。

夫は、『この宮の化け物に喰われてしまえ。でなきゃ、飢え死にしてしまえ。せいぜい思い知るがいい！』と罵《ののし》って、去っていきました」

と女は一部始終を語りました。さらに続けて、

「重ねて恥ずかしい話ですが、実は、夫が今日の昼にここへやってきました。私は『もう、殺して下さい』と頼んだのですが、夫は私の命を奪うことはせずに、かわり

に小刀で私の股《また》を三度刺して帰ってゆきました。身から出た錆《さび》ですから、ひどい仕打ちを受けても誰を恨むということはありません。さきほど、下にいるお方が『生臭い雫』とおっしゃったのは、私の血です。もはや命を惜しむつもりはありませんが、ただ、いま一度、故郷に帰って老いた母に会って、後々のことを話したくございます。見知らぬお方。どうか、その情けに縋《すが》ります。なにとぞこの縄を解いてお助け下さい」

と涙まじりに懇願するのでした。

浅ましいながらも女が哀れに思えたので、天井へ上った男は、下の二人へどうすべきか尋ねます。二人は、

「今夜ここへ俺たちが来ようと思い立ったのは偶然じゃない。『この人を助けよ』という神仏のお告げだろう。女を連れて降りてくるのがいいんじゃないか」

と答えたので、男は縄を切り捨てて、女とともに天井から降りてきました。

「さてさて、夫のもとへ帰るわけにもいかなかろう。親の里はどこだい?」

と問うと、お宮から五十町（約五・五キロ）も離れてはいません。

「じゃあ、送っていこう」

というわけで、女を先頭に立てて、四人連れだって女の実家へと向かいます。

しかし、女は何日も縄で縛られたまま飲まず食わず、さらに股は小刀で突かれて傷ついていいます。よろよろと足元はおぼつかず難儀しています。男たちは、女の手を引き、腰を押してやり、ようよう二町ほど進んだところで、女がさめざめと泣きだしました。

「ああ、私のせいで命を失ったあの人の首を一緒に持ち帰って、灰にするべきなのに、助かった嬉しさで忘れてしまいました。あの世から受ける恨みは、私の黄泉路《よみじ》への障りとなるでしょう。今でも罪深いというのに……」

するると、男のうちの一人が、

「そんなの簡単なことです。俺が取りに戻りましょう。二人はこのまま送っていって。俺はじきに追いつくからさ」

と言って、お宮に戻っていきました。

やがてその男は首を片手に下げて一行に追いつきました。

三人の男たちは、女の手を引き、腰を押して愛人の首とともに実家へと連れ帰りました。（国立国会図書館蔵）

殺された男の首は塚に埋められ、女も確かに親の元へ送り届けられたということです。

戦国の世なら、この三人は勇者となったかもしれませんが、泰平の世ではやっぱりただの馬鹿者ですね。

（「宿直草――三人しなじな勇ある事」より）

双六《すごろく》好きの女幽霊

執心というのは人に対してだけではありません。よく「三度の飯より好き」ということを言いますが、この女房はとにかく双六が大好きで、死後も出てきては興じます。そんな女房を成仏させた侍女の言葉とは？

丹波《たんば》の亀山《かめやま》（いまの京都府亀山市）に、大森彦五郎《おおもりひこごろう》という三百石どりの侍がいました。彦五郎の妻は、たいへん美人でしたが、残念ながらお産の時に亡くなってしまいました。彦五郎は妻の死を嘆き悲しみますが、こればかりはどうにもなりません。

この妻に七歳の時から召し使われていた侍女がおりました。この侍女はとくに嘆き悲しみ、後を追おうと七日のうちに十四、五回も自害をしようとするのを、なんとか宥《なだ》めて、そのまま屋敷へとどめました。

それから三年。

一族郎党で説得して、彦五郎に新しい妻を迎えることを承知させました。

後妻は、道理のわかるとても聡明な女性で、仏間へいって、毎日のように前妻のために祈りました。これには前妻も草葉の陰で喜んでいました。

さて、前妻は存命のとき、例の侍女といつも双六を楽しんでいました。死んでから後も、双六に執心が残ってしまい、夜な夜な侍女のもとへやってきては、双六を打っていました。もう三年になります。

侍女が思い切って前妻に申し上げたのは、

「夜な夜な遊びにいらっしゃること、すでに三年になります。七歳の頃から可愛がって下さって、私がこのように成人できたのも、奥様のおかげです。いつまでもご奉公して、ご恩に報いたいと思っております。

しかしながら、今は新しい奥様がおられます。

もしも、このように夜な夜な出て参っていることが、他の者に知れますと『後妻を妬《ねた》んで現れた』と思われるかと存じます。

今日を最後にもはや来られない方がよろしいと思います」

「まことにお前が申すごとくである。まさか双六に執心を残しているとは誰も思うまい。もう、今後は出ては参らぬ」

と言って、前妻は帰っていきました。

それからしばらくして、侍女は彦五郎夫婦にこの事を話しました。

彦五郎夫婦は、双六盤をこしらえて、前妻の墓に供え、ねんごろに弔ったそうです。

（「諸国百物語―大森彦五郎が女房、死してのち双六をうちに来たる事」より）

雪隠《せっちん》の化け物

雪隠とはトイレの事です。日常生活の中でたった独りになれる空間がトイレです。しかし、逆に外界からひとり隔たっているという恐怖もつきまといます。この恐怖心からトイレの怪談は生まれます。しかし、この話のトイレの化け物の正体は？

近江《おうみ》の国の金勢《こんぜ》庄（いまの滋賀県栗東市）笠鞠《かさまり》というところのお話です。ある家の雪隠に化け物が出るという噂《うわさ》がありました。雪隠でしゃがんでいるときに、風が吹くと化け物が毛むくじゃらの手で尻を撫《な》でるという噂です。恐がって誰もこの雪隠には近づかなくなりました。ある人がこれを聞いて、物好きにも化け物を見てやろうと思い、件の雪隠に入りました。

しゃがんで待ち構えていると、ざっと風が吹くと同時に、確かに毛むくじゃらの手がしきりと尻を撫でてきます。風が止むとその手も引っ込みます。正体をしかと確かめようと、手を下ろし、捕えてみると……。

薄《すすき》の穂でした。

つまり、田舎なので、雪隠の下に薄が生え伸びて、風が吹くと穂先がなびいて尻に触っていただけなのですが、みな化け物に触られたと勘違いしていたのでした。その後、薄を刈ったら当然のごとく化け物は出なくなりました。

（「諸国百物語─近江の国、笠鞠と云ふ所、雪隠のばけ物の事」より）

おわりに

怪を語れば怪至る

昔から人の言い伝える恐ろしいことや怪しいことを集めて百物語をすると、必ず恐ろしいこと、怪しいことが起こると言われています。百物語に作法があるのはご存知でしょうか。

月の暗い夜に、青い紙を貼った行燈《あんどん》に百筋の灯心を点じます。一つの物語が終わるごとに、灯心を一筋ずつ引き抜きます。座中はだんだんと暗くなって、青い紙の色に映る炎がうつろになり、なんとなく物寂しい心持ちになってきます。そのまま語り続けると、必ず怪しいこと、恐ろしいことが現れるそうです。

京の下京あたりに住む人が、「いざ、百物語をしよう」と揃いの青い小袖を着て五人集まりました。作法の通りに行燈に百の灯心を据えて火を点し、居並んで語りはじめました。その時分は、臘月《ろうげつ》（十二月）のはじめ、風が激しく雪が降る、まことに寒い日で、寒気が髪の根元に滲みるようでした。

物語が六、七十話に及んだ頃。

窓の外に火の光がちらちらと見えはじめました。蛍が飛ぶがごとく、幾千万ともなく光が飛びまわっています。ついに光は座敷に入ってくると、集まって丸くなり、その様子は鏡のようでもあり、鞠《まり》のようでもありました。それらは一旦分かれて砕け散ると、次に五尺（約一・五メートル）ほどの大きさの白い固まりとなって、天井にぶつかると、「どうっ」いう音を立てて畳へ落ちてきて、そのまま消えてしまいました。まるで雷が落ちたかのようでした。

五人はうつ伏せで気絶していましたが、家に来ていた友人たちに助け起こされました。彼らはすぐに正気に返り、命に別状はありませんでした。

ことわざに曰《いわ》く「白日に人を談ずる事なかれ。人を談ずれば害を生ず。昏夜《こんや》に鬼を語る事なかれ。鬼を語れば怪至る」とはこのことに違いありませんね。

今回の物語は、百に満たないで筆をここで留めます。

（「伽婢子――怪を語れば怪至る」より）

参考資料

『江戸怪談集　上・中・下』高田衛編（岩波文庫）岩波書店
『近世怪異小説』吉田幸一編（古典文庫）
『新御伽婢子』吉田幸一編（古典文庫）
『江戸怪談傑作選』堤邦彦著（祥伝社新書）祥伝社
『近世奇談集成（一）』高田衛校訂　国書刊行会
『徳川文藝類従―怪談小説第4』国書刊行會
『怪異小説集』國民圖書株式會社

本書には現代の人権意識に照らして差別的ととられる表現がありますが、原典の歴史的背景に鑑み、そのままとしました。読者諸賢のご理解を願います。

にほんの歴史★楽会（ニホンノレキシ★ガッカイ）
2010年、「分かりやすく、楽しめる歴史コンテンツ」の制作を目指して設立された書籍・アプリの企画制作集団。編著書に『平清盛人生劇場』（電子版／アリギリス刊）など。

本書は『江戸の怪談』（2013年 静山社文庫）の新装版です。

江戸の怪談

二〇二一年六月九日 第一刷発行

編 者 にほんの歴史★楽会
発行者 松岡佑子
発行所 株式会社 出版芸術社
〒一〇二‐〇〇七三
東京都千代田区九段北一‐一五‐一五 瑞鳥ビル
TEL 〇三‐三二六三‐〇〇一七
FAX 〇三‐三二六三‐〇〇六七
URL http://www.spng.jp/

カバーデザイン・組版 アジュール
印刷・製本 中央精版印刷株式会社

ISBN 978-4-88293-539-1 C0095